GOTTESDIENST PRAXIS SERIE A

Arbeitshilfen für die Gottesdienste
zu den Sonn- und Feiertagen
des Kirchenjahres

Herausgegeben von Erhard Domay

Gütersloher Verlagshaus Gerd Mohn

GOTTESDIENST-PRAXIS

III. Perikopenreihe

Band 3: 5. Sonntag nach Trinitatis bis Ewigkeitssonntag

Gütersloher Verlagshaus Gerd Mohn

Die Deutsche Bibliothek – CIP-Einheitsaufnahme

Gottesdienstpraxis / hrsg. von Erhard Domay und Horst Nitschke. –
Gütersloh : Gütersloher Verl.-Haus Mohn.
Teilw. hrsg. von Horst Nitschke
Ser. A, Arbeitshilfen für die Gottesdienste zu den Sonn-
und Feiertagen des Kirchenjahres.
Perikopenreihe 3.
NE: Domay, Erhard [Hrsg.]; Nitschke, Horst [Hrsg.]; 1. Abt.

Bd. 3: 5. Sonntag nach Trinitatis bis Ewigkeitssonntag. – 1993
ISBN 3-579-02879-0

ISBN 3-579-02879-0

Satz: Satz-Service-Berkemeier, Gütersloh
Druck und Bindung: Ebner Ulm
Umschlagentwurf: Franz Wöllzenmüller, Oberhaching
Umschlagbild: © Benedikt Werner Traut, 8677 Selbitz
Im Zeichen der Auferstehung, 1973
Aus dem Zyklus »Er wird bei ihnen wohnen«, Farbholzschnitt 90 x 93 cm

Gedruckt auf chlorfrei gebleichtem Werkdruckpapier.

Printed in Germany

Inhalt

5. Sonntag nach Trinitatis

Predigttext: Johannes 1,35–42

Günter Berndt

Theologisch-homiletische Skizze

Nachfolger Jesu

Die Nachfolgegeschichten/Berufungsgeschichten bei den Synoptikern sind spannender als das Evangelium dieses Sonntags. Petrus wird nicht nur beim Namen genannt, sondern bekommt schon eine hervorgehobene Bedeutung. Der Mißerfolg beim Fischen soll abgelöst werden vom Erfolg des Menschenfischers. Solche Geschichten lassen sich gut nacherzählen. Wie anders der Johannestext! Wer sich entscheidet, diese Geschichte zu erzählen, muß schon den Kontext dazunehmen, also über Johannes den Täufer und seine Jüngerschaft im Verhältnis zu Jesu sprechen. Der Johannestext ist weniger eine Berufunsgeschichte als eine Nachfolgegeschichte. Petrus wird zwar auch genannt und bekommt seinen Auftrag. Aber zunächst wird ein anderer tätig, Johannes der Täufer als der Wegweiser, als Hinweis auf den, der da kommen soll und nun da ist. Dann werden andere tätig. Die Jünger des Johannes und Andreas, der Bruder des Petrus. Jesus beruft also zunächst nicht Petrus und holt ihn aus den bisherigen Bindungen heraus, sondern Andreas führt ihn zu Jesus, nachdem er Jesus kennenlernte. Damit ist diese Geschichte näher an unseren Erfahrungen und Möglichkeiten. Es ist eine Geschichte für die nächste Generation, die Jesus nicht mehr leibhaftig erleben kann und sich fragt: »Wie komme ich zu Jesus? Wie und wo begegne ich ihm?« So sind wir selbst mitten im Text. Nachfolger Jesu sind angesprochen. Sie, die Nachfolgenden werden Wegbegleiter für andere und eröffnen ihnen Gottes Wege. Vom Menschen und niemand anderen erfahren Menschen, wer Jesus war und ist. Der Nachfolgende ist kein besonderer Mensch (sei es Herkunft, Können etc.), aber im Nachfolgenden will Gott ansichtig werden. Die Frage: »Wo ist Gott?« wird von vielen anders gestellt: »Wo bleibt Gerechtigkeit? Wo bleibt Liebe? Wo ist von der Macht Gottes etwas zu spüren? Wo bleibt das angesagte Friedensreich, von dem Jesus sagte, es sei schon mitten unter uns, und das doch zum Titel Messias gehört?« Es lohnt sich, darüber nachzudenken, wie die damaligen Erwartungen und Sehnsüchte nach dem Erscheinen des Messias sich heute religiös und säkular artikulieren. Welche Hoffnungen und Wünsche, Ängste und Enttäuschungen prägen die Menschen, denen wir begegnen? Wo und wie erwarten sie Heil, Rettung, Gerechtigkeit und Frieden? Als Nachfolgende sollen und können wir den Heiland kundtun mit Herzen, Mund und Händen. Dazu der bekannte Text: »Christus hat keine Hände, nur unsere Hände, um seine Arbeit heute zu tun« und das untenstehende Glaubensbekenntnis »Wir halten uns an Jesus ...«

»Was sucht ihr?«

Auf diese Frage Jesu kommt eine merkwürdige Antwort, eine Rückfrage: »Wo wohnst Du, Rabbi? Wo finden wir dich? Wo bist Du zuhause?« Damit verbunden ist wohl der Wunsch, daß es sich nicht um eine zufällige und einmalige Begegnung handeln möge. Einmal »Guten Tag!« gesagt, gestaunt, bewundernd angeschaut, wie das so ist, wenn große Leute vorbeikommen. Nein, hier ist bereits die Intention der Nachfolge, ähnlich wie bei Matthäus 11: »Bist du, der da kommen soll?« Die spätere

Mitteilung an Petrus »Wir haben den Messias gefunden« gibt Antwort auf die Frage: Was sucht ihr?
Hier bündeln sich alle Erwartungen des gebeutelten Volkes Israel, verbunden mit unterschiedlichen Vorstellungen vom Messias, dem Gesalbten Gottes, dem Christos, dem König. Da ist einerseits die konkrete Befreiung Israels aus der Hand der Eroberer und der Gottlosen. Mit dem Messias sind zugleich weltweite Hoffnungen verbunden, zunächst bezogen auf das Volk der Juden, gemeint ist aber die ganze Welt. Also konkrete Alltagspolitik und prophetische Visionen. Dazu gehören: Erweis der Macht Gottes – sofort oder in Zukunft (vgl. dazu viele Psalmen) – Politik der Stärke. Wenn wir nun nach den Hoffnungen und Wünschen heute fragen, darf der Hintergrund dieser Geschichte nicht außer acht gelassen werden, sonst geraten wir in einen unübersehbaren Gemischtwarenladen von Wünschen. »Was sucht ihr?« Diese Frage ist an Leute gerichtet, die Jesus begegnen. Warum sollten wir es nicht auf uns und den Gottesdienst beziehen? Was suchen wir, wenn wir zusammenkommen? Was versprechen wir uns für uns selbst und für die Welt? Von der zu erwartenden Gottesdienstgemeinde wird es abhängen, ob der Prediger mehr die persönliche Situation oder weltweite Situationen bedenkt. Bei allen unterschiedlichen Erwartungen und Wünschen wird es immer wieder Gemeinsamkeiten geben: Der Wunsch nach der »Politik der Stärke« unseres Gottes, sei es in der Situation der Krankheit, des Todes, der ungerechten Verhältnisse, der Kriege und kriegerischen Auseinandersetzungen.
»Komm und sieh!«
Die Antwort ist klar, aber recht spärlich. Welche Auskunft bekommen wir? Wo wohnt Jesus? Wie sieht es bei ihm aus? Was ereignet sich eigentlich, wenn ihm einer folgt? Wir erkennen: Der Messias ist das Lamm Gottes. Der Mächtige erweist sich im Ohnmächtigen, der starke Gott im Leidenden, der herrschende Gott als Liebender.
In der festarmen Zeit der Trinitatissonntage könnten wir die übereinstimmenden Aussagen der großen Feste einbeziehen. Lieder aus den verschiedenen Kirchenjahreszeiten können diese zentrale Aussage des Textes illustrieren. Dazu paßt dann auch der Text von Jan Twardowski »Von den verschiedenen Wohnungen des Herrn Jesus«. Also: Kommt und seht: »Er ist auf Erden kommen arm ...« EKG 15, »Ein Lämmlein geht und trägt die Schuld ...« EKG 62, »Hier ist das rechte Osterlamm ...« EKG 76,5 und schließlich als eine Konsequenz für die Nachfolger: »Und wer dies Kind mit Freuden umfassen, küssen will, muß vorher mit ihm leiden ...« EKG 4,5+6. Wenn wir begreifen, daß der Messias das Gotteslamm ist – wenn uns das aufgeht – dann erfahren wir die Begegnung mit Jesus heute in der Weggemeinschaft und Leidensgemeinschaft von Jesusleuten. Dazu von Bonhoeffer »Christen und Heiden« oder »Das Lied vom verlorenen Jesuskind« von Jean Anouilh. »Komm und sieh!« Mit diesem Satz, dieser Einladung werden wir auf den Weg gebracht und sollen andere ermuntern. Es wird uns zugetraut, daß Menschen Gottes ansichtig werden, wenn Jesusleute als Wegbegleiter seine Liebe und sein Leiden, seinen Tod und seine Auferstehung verkörpern. Darum sind wir mehr als nur ein Wegweiser. Wir gehen den Weg und weisen nicht nur auf ihn hin.

Vorschläge für die Liturgie

Lieder — Worte: Ernst Lange 1956 · Weise: Helmut Barbe 1956

2. Dieses Ziel, Herr, stell vor Augen uns hin. Dieses Ziel, Herr, sei uns Weisung und Sinn. Dieses Ziel, Herr, einst dein Antlitz zu sehn. Geh' voran, Herr, laß nicht irre uns gehn!

3. Diesen Weg, Herr, diesen Weg laß uns gehn. Diesen Weg, Herr, hilf du selbst uns bestehen. Dieser Weg, Herr, führt zum Vater nach Haus. Geh' voran, Herr, treib die Feigheit uns aus.

(aus: »Halleluja, Billy« – Die Spielschar, Heft 67 · Rechte: Deutscher Theaterverlag, Weinheim)

Christus braucht unsre Hände

Christus braucht unsre Hände, wie sollte sonst sein Wort
zur Tat der Liebe werden an nah- und fernem Ort.

Christus braucht unsre Füße, will er zu denen gehn,
die abseits und im Dunkel der Weltgeschichte stehn.

Christus braucht unsre Ohren, damit er alle hört,
in denen die Verzweiflung sich ohnmächtig empört.

Christus braucht unsre Stimme, die unerschrocken spricht,
wenn andere verstummen, weil Macht das Leben bricht.

Christus braucht unsre Augen, die in die Zukunft schaun
nach Hoffnung und Verstehen, nach Freiheit und Vertraun.

(Text: Dieter Frettlöh, nach der Melodie: »Christus, der ist mein Leben ...«)

Wir haben Gottes Spuren festgestellt in »Mein Liederbuch« B 243; Lasset uns mit Jesu ziehen EKG 252; Wach auf, du Geist der ersten Zeugen EKG 216 (weitere Vorschläge siehe theol.-homil. Skizze).

Lesungen
Evangelium: Lukas 5,1–11, Epistel: 1. Korinther 1,18–25 (Jesaja 53,4–7; Matthäus 11,1–6; Matthäus 25,31–46)

Psalmlesung
Psalm 25,1–10

Kyriegebet
Gott, wir sind blind.
Wir sehen über die Schönheit und die Wunder deiner Schöpfung hinweg. Wir haben verlernt, zu staunen. Wir sehen die Menschen nicht, die im Dunkel leben, die leiden, die verzweifelt sind. Unser Blick geht nicht in die Tiefe.
Mach uns sehend, Gott!

Herr, erbarme dich.

Gott, wir sind taub.
Wir hören über die leisen Stimmen hinweg. Wir haben uns an Lärm gewöhnt. Wir hören nicht das Stöhnen, das Flehen um Hilfe, die stummen Schreie gequälter Menschen.
Mach uns hörend, Gott!

Herr, erbarme dich.

Gott, wir sind lahm und träge.
Wir reichen Bedürftigen nicht die Hände. Uns tragen die Füße nicht zum Nächsten. Wir bleiben passiv, wenn Unrecht geschieht, und stehen nicht auf.
Bring uns in Bewegung, Gott!

Herr, erbarme dich.

Glaubensbekenntnis
Wir halten uns an Jesus.
Gott schickte ihn in unsere Welt.
Sein Auftrag hieß:
Wege zu gehen, die niemand gehen wollte,
nach Menschen zu sehen, die niemand sah,
mit Menschen zu sprechen, vor denen jeder
Angst hatte und Abscheu empfand.
Hände zu reichen, wo man aufeinander einschlug.

Wir gehen mit Jesus.
Er will uns überzeugen und zur Einsicht bringen,
daß wir zu denen gehören, die ihn brauchen.
Wir sind es,
nach denen er sieht,
mit denen er spricht,
denen er seine Hand gibt.

Jesus geht mit uns:
Durch seinen Geist soll alles anders werden.
Er will uns gebrauchen, um Menschen zu helfen.
Als seine Füße dürfen wir neue Wege gehen,
als seine Augen nach den Menschen sehen,
als sein Mund gute Worte sagen,
als seine Hände den Frieden wagen.

Wir halten uns an Jesus.
Von ihm wissen wir, warum wir leben,
was wir zu tun und zu lassen haben,
worauf wir unsere Hoffnung setzen. Amen.

Fürbittengebet
Wir denken an die traurigen Menschen –
einsam, weil ihre Wohnung zum Gefängnis geworden ist,
allein, weil keiner sie besucht, auch heute nicht,
gequält, weil Krankheit und Schmerzen nicht weichen,
verzweifelt, weil sie mit Fragen allein bleiben und
keiner Antwort gibt.

Herr, wir bitten für sie und für uns,
daß wir den Menschen gleich um die Ecke entdecken,
daß wir Antworten geben können auf Fragen,
daß wir helfen mit Wort und Tat,
daß wir selbst nicht allein bleiben.

Wir denken an die Kinder in unserer Stadt und der Welt –
abgemagert, weil sie nichts zu essen haben,
liegengelassen am Wegesrand auf der Flucht,
allein gelassen, weil Vater und Mutter keine Zeit haben,
verängstet, weil sie oft geschlagen werden.

Herr, wir bitten für sie und für uns,
daß wir die Kinder gleich um die Ecke sehen,
daß wir bereit sind, vom Überfluß abzugeben,
daß wir Zeit haben für quälende Fragen,
daß wir an die Zukunft der jungen Generation denken.

Wir denken an die Mächtigen und Herrschenden –
selbstherrlich, weil sie ihre Grenzen nicht wahrhaben wollen,
despotisch und grausam, weil sie Gefallen an ihrer Macht haben,
feige, weil sie nicht unpopuläre Entscheidungen wagen,
einsam, weil sie mit ihren Konflikten nicht verstanden werden.

Herr, wir bitten für sie und für uns,
daß wir unser Nein sprechen zu jeder Rüstung,
daß wir uns nicht auf die Sicherheit von Waffen verlassen,
daß wir Frieden stiften in den Häusern aber auch zwischen Völkern,
daß wir deine Botschaft des Friedens mit unserem Leben nicht Lügen strafen.

Herr, wir halten uns an dich und dein Versprechen.
Ehre sei Gott in der Höhe und Frieden auf Erden und den Menschen ein Wohlgefallen!

Predigtskizze

I Kommt! Seht und geht!
Beginnen würde ich mit der Geschichte von Twardowski »Von den verschiedenen Wohnungen des Herrn Jesus«. Ein anderer Einstieg wäre ein kurzer Lebenslauf Jesu, unterbrochen mit Liedern (s. Theol.-homilet. Skizze). Die Geschichte bei Twardowski endet mit dem Satz: »Ach, wenn doch jeder immerfort fragen würde, wo ich wohne.« Ja, damit beginnt es, in unserem Text, in unserem Leben. Mit der Frage nach Gott. Gott, wo bist du. Mit der Frage nach dem Sinn des Lebens. Hier mit der Frage: Wo wohnst du, Jesus?

Kennen Sie die Situation, daß ein Mensch keine Fragen hat? Dann hat sich wohl alles für ihn erfüllt? »Wunschlos glücklich!«, sagen wir. Das stimmt nicht. Wo Menschen keine Fragen mehr haben, sind sie am Ende. Zutiefst enttäuscht, bar aller Sehnsüchte und Hoffnungen. Ohne Erwartung, ohne Perspektive. Ach, wenn doch jeder immerfort fragen würde, wo ich wohne. Es ist gut und wichtig, daß wir Fragen haben und daß wir sie nennen. Wie schnell wird uns das Fragen ausgetrieben. Dann fühlen wir uns belastet und überfordert, weil wir anscheinend immer nur Antworten geben müssen. Wer ist Gott? Wer ist Jesus? Welche Wünsche und Erwartungen, Ängste und Enttäuschungen stecken hinter unseren Fragen. ... Hier wäre je nach Situation der Gottesdienstgemeinde von den Wünschen und Hoffnungen und Ängsten zu sprechen.
Unsere Vorstellungen und Wünsche gegenüber Gott sind oft sehr geprägt von den Maßstäben, die in unserem Leben gelten, ich meine die Maßstäbe von Leistung und Anerkennung, Wachstum und Gewinn, stark sein und siegen. Da bleiben nicht nur die Schwachen auf der Strecke, sondern auch Gott. Also: Kommt und seht!
Kommt und seht: Die Jesusgeschichte ist die Korrektur unseres herkömmlichen Gottesbildes. Was sehen wir: Hingabe, Liebe und Leiden. Nach kurzer Ausführung dieses Aspektes würde ich schließen mit der Aufforderung:
»Geht und lebt!« Hier kann verdeutlicht werden unsere Weggmeinschaft und Leidensgemeinschaft.

II Mein zweiter Vorschlag
ist nur zu verwirklichen mit einer Singegruppe. Da z.T. der Sonntag in die Ferienzeit fällt, könnte mit einer Singegruppe dieser Gottesdienst vorbereitet werden. Alle Lieder habe ich aus dem roten Liederbuch »Mein Liederbuch« tvd ausgewählt.
1. »Alleluja« – Die Waffen verrotten zu Staub B 55 –
Visionen – Hoffnungen, damals und heute
2. »So viele warten im Land auf bessere Zeiten« B 101 –
Resignation, Gleichgültigkeit und Anpassung
3. »Wir waren blind, da kam einer und sagte: Seht mit meinen Augen ... hört mit meinen Ohren ...« B 75 und »Wir haben Gottes Spuren festgestellt« B 80 –
Auf Jesu Spur
4. »Ein junger Mann aus Nazaret geht Wege, die man kaum versteht ... Wo Menschen wie Jesus sind, da bleibt die Welt nicht, wie sie ist« B 57
5. »Den Weg wollen wir gehn« B 34
6. »Von guten Mächten wunderbar geborgen ...«. Dazu die Strophe: »und reichst du uns den Kelch, den bitteren des Leides ...« B 76
Und zum Abendmahl:
»Brich mit den Hungrigen dein Brot» B 96

Kontext

Von den verschiedenen Wohnungen des Herrn Jesus

Jesus, wo wohnst du?
Kommt her und seht es.

Es kamen die Hirten herbeigelaufen, barfuß, direkt aus dem Schlaf, denn ein Engel hatte sich an ihrem Ohr hören lassen wie ein Wecker.
Sie sahen, wo und wie er wohnt.
Er wohnte in einem Stall unter einem Stern, der der nächste der fernsten Sterne war, mit einem Loch im Dach, und nur das ist angemessen, weil man nämlich durch ein löchriges Dach hindurch den Himmel sieht. Alles wie auf einem Bildchen. Alles komplett. Die allerbeste Mama, Josef und die herrenlosen Tiere, Ochs und Esel, die das Gnadenbrot fressen.
Im Fenster das Heilige Land.
Doch Jesus ist dann andauernd umgezogen. Die erste Wohnung – und gleich darauf der erste Umzug.
Das Gedränge in Bethlehem hatte sich gelegt, denn die Leute, die man zur Volkszählung zusammengerufen hatte, waren wieder in alle Richtungen davongezogen.
Der Herr Jesus siedelte aus dem Stall in ein armseliges Häuschen in Bethlehem über. Wohl am unzufriedensten damit waren Ochs und Esel. Der Ochs bewegte sich nicht gern, sein Platz war ihm lieb; der Esel aber rannte bestimmt im Trab in die Stadt, doch er hatte Schwierigkeiten mit der Anmeldung, also kehrte er in den Stall zurück.

Jesus, wo wohnst du?
Kommt her und seht es.

Aus dem Osten kamen die gelehrten Könige angereist. Sie fanden den kleinen Jungen nach seinem ersten Umzug, knieten auf dem Fußboden nieder und brachten kein Wort heraus – erstaunt darüber, daß man in einem einzigen Zimmerchen, mit einem so kleinen Fenster, das nur einen einzigen Stern hereinsehen ließ, glücklich sein konnte.
Unterdessen – ein neuer Umzug, noch dazu des Nachts, im Dunkeln, über die grüne Grenze. Er hatte dort eine neue Wohnung. Ein ägyptisches Häuschen, Nilwasser im Krug und eine schwarze ägyptische Fliege an der Fensterscheibe. Heißer Tau im Garten. Wie weit entfernt mußte man wohnen, wenn sogar über das Heilige Land der Herodes stampfte wie eine einäugige Vogelscheuche.

Jesus, wo wohnst du?
Kommt her und seht es.

Er kam nach Nazareth. Sie sahen ihn. Er wuchs, als hätte er Hefe gegessen.
Sie dachten wohl, daß es schon ein Häuschen für bessere Zeiten ist.
Doch wieder siedelte er um, direkt in die Wüste, um obdachlos zu sein.
Vielleicht schlief er auf einem Stein, der ihm nicht zu Brot wurde.
Als der Teufel aufhörte, ihn in Versuchung zu führen, kamen die Engel und dienten ihm, aber ein Haus haben sie nicht gebaut.

Jesus, wo wohnst du?
Kommt her und seht es.

Die Vögel haben Nester, die Füchse Höhlen, aber Jesus hat kein Plätzchen, wo er sich mit einer Decke zudecken kann. Noch eine Wohnung hatte er, aber schlafen

konnte er nicht, weil des Nachts immer Nikodemus zu ihm kam und ihn über Religion ausfragte.
Immerzu wohnte er woanders, um überall zu wohnen.

Jesus, wo wohnst du?
Kommt her, und seht es.

»Ich wohne in dir, nur siehst du mich mitunter nicht, weil du an dich denkst.
Ich wohne in den guten und in den bösen Menschen.
In den guten lächle ich, als wäre ich bei meiner Mutter. In den bösen fesselt und schlägt man mich.
Ich wohne in der Kirche. Nicht nur in einem heiligen Gebäude mit Turm, Mauern und Fenstern, sondern auch in der großen Menschenfamilie, wo alle einander brauchen, um zusammen in den Himmel einzugehen.
Wenn jemand außerhalb der Menschen stünde, hätte er niemand, den er anlächeln könnte, hätte er niemand, den er küssen könnte, hätte er niemand, dem er sein Zeichenheft zeigen könnte, hätte er niemand, mit dem er telefonieren könnte, hätte er niemand, dem seine Krankheit nützte, und auch die Ärzte, Zahndoktoren, Apotheker, Lehrer brauchten ihn nicht.
Ich wohne in der Kirche, in der großen Menschenfamilie, wo alle wissen, daß sie zusammensein müssen und daß niemand aus sich selbst und für sich selbst lebt.
Ach, wenn doch jeder immerfort fragen wollte, wo ich wohne!«

(Jan Twardowski, in: Beim ersten Stern der Nacht. Weihnachtliche Erzählungen aus Polen. Ausgewählt und ins Deutsche übertragen von Karin Wolff. Evangelische Verlagsanstalt GmbH, Berlin 1976, S. 179 ff.)

6. Sonntag nach Trinitatis

Predigttext: 5. Mose 7,6–12

Hans Reinhard Rapp

Theologisch-homiletische Skizze

Der 6. Sonntag nach Trinitatis steht thematisch im Zeichen der Taufe. Die Epistel (Römer 6,3–11) sieht in der Taufe das Band zwischen Christus und dem Glaubenden. Wer zu Christus gehört, nimmt an seinem Erlösungsweg teil, der durch Tod und Auferstehung führt. Das Evangelium (Matthäus 28,16–20) macht die Taufe zu einem universellen Heilszeichen und verknüpft sie mit der Lehre und den Geboten Jesu: »Lehrt sie zu halten alles, was ich euch befohlen habe.«

Der Text aus dem Alten Testament fügt sich in diesen Zusammenhang ein. Er enthält wichtige Elemente, die auch für die Taufe bedeutungsvoll sind: Gottes Treue, die den Taufbund unverbrüchlich macht, die Zusage einer Liebe, die nicht auf Vorleistungen und Verdienste gegründet ist, die Erwartung, daß der mit dem Gnadenbund Beschenkte sein Leben als Antwort auf diese Gabe versteht. Das bekannte Tauflied Nr. 152: »Ich bin getauft auf deinen Namen ...« könnte als gedichtete christliche Interpretation des alttestamentlichen Textes gelten. Daß Gottes Liebe und Treue dem Menschen ohne Rückblick auf seine Leistungen, seine Fähigkeiten und sein öffentliches Ansehen zugesprochen werden, stärkt das theologische Argument für die Kindertaufe; daß gerade ein Kind auf beständige Liebe und Treue angewiesen ist, daß verläßliche Zuwendung sein gesundes Aufwachsen fördert, leuchtet ein und öffnet den Zugang zu dem alten Text.

Dieser ausgewählte Abschnitt gleicht einem schönen Schmuckstein in einer garstigen Fassung. In welch' bewegenden Worten wird Gottes Liebe und Treue gegenüber einem unbedeutenden Volk bezeugt, das sich weder im Glanz besonderer kultureller Leistungen noch im Ruhm politischer Größe sonnen kann; sein Glanz und sein Ruhm, sein »Schmuck und Ehrenkleid« ist, daß es von Gott erwählt wurde. Und im Gegensatz dazu der mörderische Kontext! Im Namen und Auftrag des grimmigen Jahwe wird nichts weniger als die vollständige Ausrottung der kanaanäischen Urbevölkerung gefordert (Vers 1–5). Kein Mitgefühl soll die heiligen Krieger bei der Ausübung des Bannes, also der Totalvernichtung alles Lebenden bis hin zu den Tieren, hindern (Vers 16). Und wehe dem, der die Liebe dieses Gottes nicht angemessen erwidert! Auch er verfällt der tödlichen Eifersucht Gottes mit seiner alles fordernden Liebe (vgl. Kap. 6,14–16). Ich vermisse in der mir bekannten kommentierenden Literatur die nachdrückliche kritische Auseinandersetzung mit dieser Verfinsterung des Gottesbildes, das auch in scharfem Kontrast steht zu der prophetischen Vision eines alle Völker umspannenden gemeinsamen Gotteslobes auf dem Berg Zion (Jesaja 2,2–4; Micha 4,1–4).

Die feministische Theologie findet freilich deutliche Worte in dieser Sache. Auch Jesus mag solche Schriftstellen im Sinn gehabt haben, als er in der Bergpredigt, die Väter korrigierend, sagte: »Ihr habt gehört, daß gesagt wurde: Du sollst deinen Nächsten lieben und deinen Feind hassen. Ich aber sage euch ...« Dieser Maßstab wird auch in der Predigt anzuwenden sein.

Vorschläge zur Liturgie

Am Sonntag zum Taufgedenken wirklich zu taufen, liegt nahe. Dabei kann der Umgang mit dem Wasser anschaulich gestaltet werden: Der Prediger/die Predigerin erklärt, daß das Wasser in vielen Ländern eine Kostbarkeit ist und nicht einfach aus dem Hahn fließt. Es muß von weither getragen werden. Zur Verdeutlichung wird der Krug mit dem Taufwasser durch den Mittelgang der Kirche getragen; das können ältere Geschwister des Täuflings oder Paten tun. Wir können also anläßlich einer Taufe die Kostbarkeit des Wassers hervorheben. Dazu gehört auch die im Schlußteil mitgeteilte anekdotische Erzählung, die nach eigenen Erfahrungen variiert werden kann.
In manchen Kirchen ist der Taufstein so klein geworden, daß das Wasser gar nicht mehr richtig geschöpft werden kann. Dem kann unsere gestalterische Phantasie entgegenwirken. Als Anregung weise ich hin auf das »Arbeitsbuch Gottesdienst« (Gütersloh 1992) mit dem Beitrag »Eingetaucht in das Wasser des Lebens«. Ich zitiere daraus einen dort gleichfalls zitierten »Taufsegen«:

»Segne dieses Kind und hilf uns, ihm zu helfen,
daß es sehen lernt mit seinen eigenen Augen
das Gesicht seiner Mutter und die Farbe der Blumen und den Schnee
auf den Bergen und das Land der Verheißung.
Segne dieses Kind und hilf uns, ihm zu helfen,
daß es hören lernt mit seinen eigenen Ohren
auf den Klang seines Namens, auf die Wahrheit der Weisen,
auf die Sprache der Liebe und das Wort der Verheißung.
Segne dieses Kind und hilf uns, ihm zu helfen,
daß es greifen lernt mit seinen eigenen Händen
nach der Hand seiner Freunde, nach Maschinen und Plänen,
nach dem Brot und den Trauben und dem Land der Verheißung.
Segne dieses Kind und hilf uns, ihm zu helfen,
daß es reden lernt mit seinen eigenen Lippen
von den Freuden und Sorgen, von den Fragen der Menschen,
von den Wundern des Lebens und dem Wort der Verheißung.
Segne dieses Kind und hilf uns, ihm zu helfen,
daß es gehen lernt mit seinen eigenen Beinen
auf den Straßen der Erde, auf den mühsamen Treppen,
auf den Wegen des Friedens in das Land der Verheißung.
Segne dieses Kind und hilf uns, ihm zu helfen,
daß es lieben lernt mit seinem ganzen Herzen.«

(Aus Lothar Zenetti: Texte der Zuversicht, Pfeiffer Verlag, München 1977)

Wird im Gottesdienst nicht getauft, können sich die *Gebete* doch auf die Taufe beziehen; z.B.:

»Gott und Vater, du lädst uns ein, daß wir unser Leben gründen auf deine Liebe zur Welt. Wir danken dir für das Zeichen der Taufe, die uns deine Treue vor Augen führen will. Erhalte uns im Bund deiner Gnade und gib uns den Mut und die Kraft, mit unserem Leben die Antwort auf deine Liebe zu geben: daß wir dankbar und getrost bleiben in guten und schweren Tagen und in dir unseren Frieden finden. Amen.«

Zu den Liedern:
Die Auswahl geeigneter Tauflieder dürfte nicht schwierig sein. Das so gut zum Predigttext passende Lied Nr. 152: »Ich bin getauft auf deinen Namen ...« verblüfft ab Vers 3 durch die in aller Bescheidenheit doch deutlich zur Schau getragene Leistungsliste des getauften Christen: »Doch hab ich dir auch Furcht und Liebe, Treu und Gehorsam zugesagt ...«. Er hat ferner des Satans schnöden Werken abgesagt und gibt sich aufs neue Gott zum Opfer hin. Alles bis zum letzten Blutstropfen soll sich ausrichten an Gottes Willen. Das sind hohe Vorsätze, die doch offensichtlich abgehoben sind von der christlichen Alltagsrealität. Die Predigt kann darauf eingehen. Auch die Christen sind, wie einst die Kinder Israel, für Gott ein »halsstarriges Volk«.

Vorschläge zur Predigt

Möglicher Anfang
Einen Gottesbeweis wollte er haben, der Alte Fritz, denn er war ein Skeptiker. Und da geriet er an seinen General Zieten. Der war nicht nur ein bewährter Offizier, sondern auch ein frommer Mann, und – bei allem Respekt – dem wollte der Alte Fritz auf den Zahn fühlen. »Sage Er«, herrschte er den alten Soldaten an, »hat Er denn überhaupt einen Beweis für den Gott, an den Er glaubt?« »Majestät – die Juden!« antwortete Zieten.
Das ist eine der bekanntesten Anekdoten aus dem Leben des großen Friedrich. Sie könnte wahr sein, weil die Antwort so unerwartet ist. Wieso sind die Juden ein Beweis für die Existenz Gottes? – Um es gleich zu sagen: Einen strikten Beweis für Gottes Dasein hat bis heute noch niemand gefunden, auch Zieten nicht. Aber warum sind ihm gerade die Juden eingefallen? Wahrscheinlich dachte er an die besondere Geschichte dieses Volkes, die sich so auffallend von der Geschichte anderer Völker unterscheidet. Und er dachte dabei wohl auch an den besonderen Gott dieses Volkes, der sich ebenfalls auffällig von den Göttern, Götzen und Geistern anderer Völker unterscheidet.
Damit wollen wir uns heute unter Anleitung unseres Bibeltextes beschäftigen. Wir tun das nicht nur, um dieses uralte Volk mit seinem uralten Gott kennenzulernen, sondern wir tun es auch im Blick auf unsere Taufe, der ja dieser Sonntag gewidmet ist.

Drei Fragen sollen uns auf unserem Gedankenweg als Leitfaden dienen:
1. Auserwählt – was bedeutet das?
2. Geliebt – wozu verpflichtet das?
3. Getauft – wieso nützt uns das?

Zum weiteren Verlauf
Der erste Gedankenkreis befaßt sich mit dem Glauben Israels an seine *Erwählung*. Aus der von Sprachverwirrung und Ruhmsucht geprägten Menschheit erwählt Gott einen Einzelnen: Abraham. Aus dem israelitischen Sklavenheer in Ägypten erwählt er wiederum einen Einzelnen als Retter: Mose. Erwählung bedeutet immer auch Aussonderung, Vereinzelung und Fremdheit. Darum ist Erwählung kein Privileg, sondern bringt zumeist Leiden. Das zeigt sich besonders deutlich bei den Propheten. Es gilt aber auch für das jüdische Volk in seiner Gesamtheit.
»Die Juden haben sich immer als ein von Gott ausgesondertes, auserwähltes Volk verstanden; das ist bekannt, und es ist den Juden oft schwer verübelt worden. Andere Vöker haben diesen Erwählungsglauben als Zeichen der Überheblichkeit abgetan; es hat sie aber nicht daran gehindert, sich ebenfalls als auserwähltes Volk darzustellen. Die Russen, die Buren, die Engländer und – nicht zu vergessen – die Deutschen haben sich zu bestimmten Zeiten ein Sendungsbewußtsein zugelegt, das weder ihnen noch anderen Völkern gutgetan hat. Die Beispiele lassen sich beliebig vermehren. Meistens verknüpfte sich dieses Sendungsbewußtsein mit dem Gefühl der eigenen Macht, der militärischen, kulturellen oder wissenschaftlichen Überlegenheit. Aber auch die Religion gab dem Erwählungsglauben und Sendungsbewußtsein mächtige Antriebe: Wir haben den wahren Glauben, wir allein! Was die anderen glauben, ist allenfalls Irrtum, schlimmstenfalls finsterstes Heidentum, das ausgerottet werden muß.«
Die Predigt geht nun darauf ein, daß der Textabschnitt einem solchen Hochmut nachdrücklich entgegentritt. Ja, Volk Israel, Gott hat dich erwählt, aber nicht, weil du stärker, größer, besser, kultivierter und frömmer bist als andere Völker – im Gegenteil: du bist klein und unscheinbar – sondern weil er dich geliebt hat. Das ist der einzige, alleinige Grund der Erwählung, ausgehend von einem Gott, der sich selbst treu bleibt und darum auch an der den Vätern gegebenen Zusage festhält.
Vom Text zur Taufe: Das Lied »Ich bin getauft auf deinen Namen ...« dient als Brücke. »Ich bin gezählt zu deinem Samen, zum Volk, das dir geheiligt heißt ...« – Das Lied kann übrigens auch *während* der Predigt gesungen oder in einzelnen Versen wiederholt werden.
In der Taufe werden wir bei unserem Namen gerufen und damit – im Gegensatz zu den Massenideologien – als Einzelne, als Personen, in den Umkreis göttlicher Aufmerksamkeit und Treue gestellt.

Geliebt – wozu verpflichtet das?
»Warum liebst du mich eigentlich? An mir ist doch gar nichts Besonderes. Es gibt andere, die hübscher sind als ich und klüger. Also: Was findest du an mir?« – »Mag sein, daß andere hübscher und klüger sind, aber ich liebe nun einmal dich. Warum? Das weiß ich so genau auch nicht. Aber für mich bist du eben die Hübscheste und Klügste und Liebste.« – So sprechen Liebende miteinander. Wir lernen dabei gleich etwas Wichtiges über die Liebe. Richtige Liebe klammert sich nicht an einzelne Eigenschaften, sondern meint den ganzen Menschen. Wenn ein junger Mann zu seiner Freundin sagt: »Ich liebe dich, weil du so schön oder so klug bist«, oder gar: »weil du Geld hast«, oder: »weil du so gut kochen kannst«, dann wird das Mädchen vielleicht lachen über so viel Ehrlichkeit, aber es wird darin kein echtes Liebesgeständnis erkennen. Nicht als Schönheitskönigin, Intelligenzbestie oder Kochkünstlerin möchte das Mädchen geliebt werden, sondern als Person. – Unser Predigttext offenbart uns etwas Besonderes und Merkwürdiges: Das Liebesgeständnis Gottes an ein Volk, an dem nichts Besonderes zu finden ist.
Die Predigt geht nun ein auf den verpflichtenden Charakter dieser Liebeserklärung. Gottes Liebe ist fordernd und anspruchsvoll. Es wäre tödlich für das Volk Israel, seine Liebe nicht zu erwidern, sondern sich nach anderen Göttern umzusehen. Auch wenn der Anteil an Barmherzigkeit die Vergeltungsdrohung tausendfach übertrifft, so fordert Gott doch das, was er gibt, unmißverständlich zurück. Die angemessene Antwort des erwählten Volkes ist Gegenliebe und Gehorsam.
Hier können wir nun deutlich machen, warum wir unsere Bibel einteilen in ein Altes und ein Neues Testament. Bei aller Liebe Gottes zu seinem Volk: wir bewegen uns hier in der Landschaft des Gesetzes. Das Volk ist gewissermaßen chancenlos gegen die übermächtige Liebe Gottes. Es bleibt ihm nur die einzige Wahl: Diesen Gott wiederzulieben oder unterzugehen.
Im Neuen Testament wird Gott mit der Liebe gleichgesetzt: Gott ist die Liebe. Von ihr heißt es: Furcht ist nicht in der Liebe, sondern die völlige Liebe treibt die Furcht aus. Daß Gottes Liebe plötzlich umschlägt in den grimmigen Zorn des Enttäuschten, brauchen wir im Umkreis des Evangeliums nicht zu fürchten. Für den Glaubenden kommt es darauf an, die Beständigkeit göttlicher Liebe wahrzunehmen und sein Leben in ihr zu gründen. Die Taufe ist die anschauliche und unser Herz anrührende Einladung dazu.

Getauft – wieso nützt uns das?
Ich beginne den dritten Teil der Predigt mit dem Erzählen eines Tauferlebnisses, das sich mir besonders eingeprägt hat. Damit spreche ich die starke Gefühlsbeziehung an, die die meisten Menschen, auch kirchenfremde, zur Taufe haben. Diese Segenshandlung am Morgen des Lebens spricht für sich; sie lebt nicht von theologischen Erklärungen; gleichwohl will sie erläutert werden:

»Wir können die Taufe auffassen als eine Liebeserklärung Gottes an uns Menschen. Liebende pflegen gern mit äußeren Zeichen, mit Gechenken, Bildern oder Andenken auf sich aufmerksam zu machen. So auch bei der Taufe. Das äußere Zeichen ist das Wasser, dieser kostbare Stoff, aus dem alles Leben kommt. Natürlich können wir fragen: Was nützt denn dieses Hantieren mit Wasser bei einem Kind, das bei der Taufe schläft oder verwundert guckt oder auf das ungewohnte Treiben mit nachdrücklicher Stimmkraft reagiert? Einen äußeren Nutzen können wir der Taufe ebensowenig zumessen wie der Liebe. Und doch ist die Liebe ein Lebenselement, so wichtig wie das Wasser für den Fisch oder die Luft für den Vogel. So mögen wir auch die Liebeserkärung Gottes an uns Menschen verstehen. Wir können von uns aus Zeichen der Liebe zurückgeben: Indem wir selbst liebevoll sind zu den Geschöpfen Gottes, zu den Menschen, den Tieren, den Pflanzen und all den anderen Wundern, die unsere geschaffene Welt erfüllen. Dann bleiben wir im Bund seiner Treue und zählen zu seinem Volk, auch wenn wenig Rühmenswertes an uns ist. Wer sich geliebt und angenommen weiß, kann getrost sein. Im Namen Gottes ist unser Name ins Buch des Lebens geschrieben worden. Das ist unser Ruhm. Nun können wir Gott rühmen.«
(Hierzu passend: Aus Lied Nr. 238 »O daß ich tausend Zungen hätte ...« Verse 1, 3, 5, 6).

Erzählerische Randglossen

Ein Konfirmand beobachtet, wie die Küsterin nach der Taufe das Taufwasser auf den Rasen vor der Kirche schüttet. »Wird das einfach so weggegossen?« fragt er, »ich dachte, das Wasser wäre irgendwie heilig ...« Ich erkläre ihm, daß das Taufwasser ganz normales Wasser aus dem Hahn ist, es ist weder geweiht noch gewandelt. Damit liege ich theologisch richtig, und doch ist das Feingefühl des Jungen wachsamer. Er empfindet das Wegschütten des Taufwassers als eine Geste der Achtlosigkeit. Ich erzähle der Küsterin davon und bitte sie, mit dem Taufwasser die Blumen zu gießen, die den Kirchrasen säumen.

Als die Orgel einsetzt, um das Tauflied zu intonieren, macht sich ein etwa zweijähriges Mädchen aus der Obhut der Erwachsenen frei, stellt sich vor dem Altar auf, erhebt beide Arme und beginnt, sich im Tanz zu drehen, solange die Musik zu hören ist. Alle freuen sich an dieser spontanen kindlichen Reaktion. So frei, so unbefangen möchten wir Erwachsenen wohl auch wieder sein, wir, die wir so oft »festsitzen«, auch in der Kirche!

Ein Kind war eigentlich noch gar nicht vorgesehen, aber nun war es da und sollte auch getauft werden; es muß doch alles seine Ordnung haben, nicht wahr? Die Taufe geschah unter freiem Himmel, rund 600 Leute waren gekommen, und sie wollten das Kind doch sehen! Hoch über den Kopf hielt die sechzehnjährige Mutter ihr Söhnchen, spontaner Beifall klang auf. Im Taufwasser, das der Großvater aus einem nahegelegenen Fischteich geholt hatte, hüpften Wasserflöhe. Die Sonne lachte vom Himmel, und die große Gemeinde freute sich mit.

7. Sonntag nach Trinitatis

Predigttext: Johannes 6,30–35

Traugott J. Simon

Theologisch-homiletische Skizze

Da sitze ich – satt an Leib und Seele, am Rande der Sommer-Urlaubs-Reisezeit, beschäftigt mit dem Brot des Lebens. Um mich herum und immer wieder auch in mir: Suchen nach Erfüllung und Leben, nach gestilltem Hunger. In unseren Tagen – wie so oft – Realbilder des Hungers, heute in Somalia, morgen anderswo; Zerrbilder des schaurigen Kampfes um Freiheit und Über-Leben, in Jugoslawien heute – und wo morgen? Abgesichert durch eine Kirche, deren Mitglieder sich vermehrt abwenden – wie der Spiegel wieder berichtet –, abgesichert durch eine Kirche, die nicht mehr zu sättigen vermag, die manchmal auf der Botschaft des Evangeliums herumkaut – wir auch? – wie auf Altbackenem – abgesichert also, und doch suchend, fragend in dieser Kirche nehme ich diese verheißungsvollen Brot-Worte wahr.

Sehr ur-gründig bringt dieser Text mit wenigen Worten Lebensgrundlagen zur Sprache: Wovon leben wir? Was nehmen wir wahr? Was heißt es, zu leben?! Welches Brot mich nährt, ist nicht nur die Frage nach Vollwert- oder anderer Kost, sondern was ich mir für Leib, Seele und Geist als Nahrung gönne bzw. zumute. Als ich vor einigen Jahren – sommerurlaubend mit Familie unterwegs – in einem flachen Bachbett an einen Gegensand im Wasser stieß, war ich sehr überrascht: Ein Stein lag vor mir, wie ein größerer Kanten selbstgebackenen, frischengeschroteten Brotes, gerundet wie ein Laib: täuschend ähnlich! Stein oder Brot? Wovon nähre ich mich? Wie lebe ich: nachjagend, festhaltend oder empfangend? Oft seitdem schaue ich mir »mein« Stein-Brot an. Stein oder Brot? Im größer gewordenen Deutschland haben wir dies – östlich wie westlich! – ganz neu durchzubuchstabieren, zu durch-leben – daß uns nicht nährt, was wir aus der Vergangenheit festhalten möchten: Brot von gestern, Leistung, Wissen, bescheidenere, aber »sichere« Fleischtöpfe Ägyptens; und auch nicht der durchaus zweifelhafte Konsum- und Fortschritts-»Segen«. Lassen wir uns zu leicht den Mund stopfen mit wohlschmeckenden, aber wenig nährenden »süßen« Häppchen? Können wir – »hüben« wie »drüben« – überhaupt wahrnehmen, was wir brauchen – und wo wir bekommen, was uns Leib und Seele nährt? Ich befürchte: nur ganz selten! Auch als Pfarrerinnen und Pfarrer laufen viele – mehr unbewußt als gewollt – verderblichen, nicht sättigenden, selbst aber unersättlichen »Nahrungen« hinterher: »Sei gut!« – »Leiste was!« – »Paß dich an!«. Viele von uns – so erlebe ich es in meiner Beratungsarbeit mit Kolleginnen und Kollegen – bleiben dabei hungrig. »Was tust du für ein Zeichen, damit wir sehen und dir glauben?« (Vers 30). Jesu Antwort heißt: »Ich *bin* das Brot des Lebens …« (Vers 35); also: Ich teile, was ich empfange; ich gebe weiter, was und wer ich bin.

Im Duktus des Johannesevangeliums stehen diese Sätze nach einigen »Zeichen« (Kap. 2: Wein-Wunder; 3: Nikodemus/Neu-Geburt; 4: Samariterin/Lebendiges Wasser; 5: Heilungen) an summarischer und kritischer Stelle: Wunder sprechen nicht einfach für sich, sie wollen Zeichen sein, erkennbare *und* erkannte Zeichen. »Unser« sechstes Kapitel macht dies deutlich: Dem (Speisungs-)Wunder (1–14) folgt (15) die gesuchte Einsamkeit und Stille – wenn die Wogen auch hochschlagen, bis ER wieder da ist (Verse 17–21). Dann die Sehnsucht und das Drängen, mit denen »das

Volk« IHN sucht (Verse 22–25), um ein »Lebens-Zeichen« von IHM zu bekommen. Aber wie sollten sie, da sie nur vordergründig »satt« werden wollen? Unerwartet finden sie sich durch ihn mit einer Grundfrage des Lebens konfrontiert (Vers 26f.): Könnt ihr noch wahrnehmen, erkennen, was geschieht? Leben ist mehr als Zauber und schnell gestillter Hunger (Verse 28f.30ff.)! – Wie oft begegnet mir das in Gesprächen mit kranken und angeschlagenen Menschen in der Psychiatrie. Und wir – »Gesunde« wie »Kranke« – müssen uns diese Frage wechselseitig stellen. Wieviele Jugendliche, besonders Mädchen und junge Frauen, haben Eß-Störungen; manche können nichts wirklich (mehr) aufnehmen, wohl weil sie sich selbst schwer annehmen können; andere schlingen – immer hungrig bleibend – viel zu viel in sich hinein, bis zum Erbrechen. In psychiatrischer Behandlung suchen sie nach neuen Wegen ins Leben – zu sich selbst, zu Anderen, auch: zu Gott. Vielleicht spüren die so Erkrankten wirklich mehr Lebenssehnsucht und Lebens-Hunger als wir so »Gesunden«?! Suchen wir nicht auch gierig nach Leben, immer wieder? Und wir brauchen auch alle den Hunger und die Lust nach Leben! Denn: nur wer empfangen kann, kann satt werden, d.h. in sich aufnehmen, von Angebotenem tatsächlich leben. – Dieser enttäuschten Erwartung setzt Jesus *sein Lebens-Zeichen* entgegen, das Brot, das er *ist*! Daran – so das Johannesevangelium weiter – scheiden sich die Geister (Verse 52ff.60ff.), weil Fragen aufbrechen und Klarheit nötig ist: »Wohin sollen wir gehen?« (Vers 68ff.). In diesem Duktus ist unser Text zentral und zutiefst lebens-relevant. Mit Gerd Theißen gesprochen ist das Wunder hier nicht nur symbolische Handlung, sondern es erweitert das Leben um die symbolische Dimension: Wir wollen und sollen ja auch nicht (nur) symbolisch satt werden. Wir suchen zu Recht sattes Leben, Sättigung im Leben wie im Glauben, Leben, das uns in einem tieferen Sinn sättigt und erfüllt!

Diesen Spuren und Beobachtungen folgend möchte ich diesen Text vom Lebensbrot auslegen. Etwa so: Das Brot, das Jesus heißt, sättigt nicht ein für allemal; wer sich aber von Jesus als dem Lebens-Brot nährt, »weiß« ein für allemal, wie (?), zumindest wo er/sie satt werden, sich (er-)füllen lassen kann, immer wieder. Wer Jesus als das Brot, das Lebens-Zeichen entdeckt und empfängt, wird bleibend satt. Freilich: das Brot des Lebens will nicht erfahrungs- und gedanken-los verschlungen, es will wirklich empfangen, bewußt genossen werden – wie Brot und Wein/Saft. Schließlich: Wer/wo ist dieser Jesus heute gegenwärtig, was schenkt er, wie macht er satt, womit konfrontiert er heute?

Bei der homiletischen Literatur stieß ich darauf, daß unser Text erst seit der neuen OLP-Reihe (1978) die »Würde« hat, Predigt-Text zu sein. Zuvor findet er sich marginal (M) am 20. Sonntag nach Trinitatis, oder er wurde – am Neujahrstag gepredigt, weil (noch früher) der Folgetext (Verse 37–40) Neujahrstext der Reihe III war. Als ob wir schon satt wären vom Brot des Lebens ...!?

Vorschläge für die Liturgie

Als *Psalm* schlage ich den 107. vor: Vers 1 als Antiphon, dann die Verse 4–9 (anders die Erneuerte Agende, die nur die Verse 5–6.8–9 wählt).

Ist vor dem Psalm ein *Sündenbekenntnis* üblich, hieße mein Thema dazu »Weniger: Ein Weg zum Leben«:

»Weniger Ansprüche – / wir würden freier, / und anderen bliebe mehr: / ein Weg zum Leben. / Weniger Gerede – / wir würden ruhiger, / und andere kämen zu Wort: / ein Weg zum Leben. / Weniger Ungeduld – / wir würden entspannter, / und andere könnten aufatmen: / ein Weg zum Leben. / Weniger wollen, / mehr schweigen, / geduldiger sein – / uns allen täte es gut. / Laßt uns in der Stille vor Gott tragen, / jede und jeder, was uns beschäftigt: ... Davon mach uns frei, Gott, / immer mehr zu wollen / und über unsere Möglichkeiten und Kräfte zu leben, / du Geber aller guten Gaben.«

(Ein eigener Text; abgedruckt in: Agende I. Ergänzungen, Evangelische Kirche von Kurhessen-Waldeck 1983.)

Ansonsten folgend dem Psalm nach unserer Agende *Aufforderungen zu Bittruf/Kyrie und Lobpreis/Gloria als Hinführung zu Klage und Dank:*
»Immer mehr wollen – / mehr schaffen, mehr erreichen, / mehr erleben, mehr besitzen –/ und doch leer bleiben, / hungrig und ungestillt: / Wie gut wir das kennen. / Laßt uns Gott bitten, daß er sich unser erbarme: ...
Satt werden, / weil wir Gottes Gaben erkennen und achten, / weil wir empfangen können und genießen, / weil uns das Leben schmeckt. / Auch das erfahren wir: Gott sei Dank! / In Freude laßt uns Gott loben: ...«

Das *Eingangsgebet* bindet diese Eingangs-Liturgie (Eigen-Entwürfe) zusammen:
Jesus, Lebensbrot, du nährst uns Tag um Tag, du stillst unseren Hunger nach Leben, bist Gottes Speise für uns. Jesus, Lebensbrot, Sohn Gottes und Bruder: Nähre uns in Ewigkeit.

Alternativ könnten Bittruf und Lobpreis auch mit den Worten eingeleitet werden:
Wie Hunger und Durst wiederkehren, / so auch das Verlangen nach Leben. / Wir betäuben es, / weil wir es nicht stillen können. / Unser Mangel wird spürbar im Überfluß: / Viel ist es, was wir haben. / Wenig ist es, was wir sind. / Wir bitten: ...
Christus spricht: / »Ich bin das Brot des Lebens. Wer zu mir kommt, den wird nicht hungern; / und wer an mich glaubt, den wird nimmermehr dürsten.« / Wir singen: ...

(aus: Agende I. Die Sonn- und Feiertage, EKKW, Kassel 1985, S. 261)

Als *Eingangsgebet* würde ich dann ein Gebet von Huub Oosterhuis wählen:
Herr, unser Gott, um Brot und Frieden bitten wir dich, und Jesus, dein Sohn, ist die Antwort; Brot ist er für das Leben der Welt, unsere Hoffnung ist er auf Frieden. Wir bitten dich, daß er weiter wirke in unserer Mitte und daß wir uns erfreuen können an diesem Menschen, den du uns gegeben hast, hier und jetzt und bis in Ewigkeit.

(aus: Gottesdienstbuch, hg. von Christian Zippert, Gütersloh 1990, S. 105)

Vier *Lesungen* kann ich mir gut (alternativ) vorstellen:
Apostelgeschichte 2,41a.42–47: die alte Epistel (II) vom Brotbrechen der Urgemeinde;
2. Mose 16,2–3.11–18: die Erzählung vom Manna in der Wüste;
Jesaja 58,7–12; ein prophetisch-messianischer Text zum Fasten;
Matthäus 4,1–11: Jesu Versuchung in der Wüste.

Neuere *Lieder*, die mir musikalisch wie textlich zum Lebensbrot gefallen:
»Brich mit den Hungrigen dein Brot ...«; zu Jesaja 58 (in: Geh aus, mein Herz ..., Beratungsstelle für Gestaltung, Frankfurt 1989, Nr. 83; es findet sich in vielen neuen Liedsammlungen)
»Wenn das Brot, das wir teilen, als Rose blüht ...« (in: Kehrt um und glaubt, Lieder und Gebete – ein preiswertes Liederbuch des Erzbischöflichen Generalvikariats Köln, 1982, Nr. 68; künftig auch im Evangelischen Gesangbuch, Regionalteil Hessen, Nr. 641)
»Einer ist unser Leben ...« (in: Singe Christenheit. Beiheft zum Evangelischen Kirchengesangbuch für Hessen, Kassel 1981, Nr. 753)
Aus dem EKG passen gut:
»Ich singe dir mit Herz und Mund ...«: 231
»Nun ist vorbei die finstre Nacht ...«: 454 (hessischer Anhang)
»Nun preiset alle Gottes Barmherzigkeit ...«: 380 (Jahreszeit!)

Für die *Fürbitten* stieß ich auf ein anregendes Gebet, das – mit Gemeindeantworten ergänzt – zu fragenden Bitten wird; eingeleitet etwa durch den Anfang des Gebetes von Oosterhuis (s.o.):
Gott, / wann kommt der Tag, / an dem kein Kind mehr erwacht und schreit und / schreit, weil es nichts zu essen gibt? – Gott, / wann kommt der Tag, / an dem der Hunger aus den Gesichtern und Bäuchen / unzähliger Menschen verschwindet? – Gott, / wann kommt der Tag, / an dem die Brüste aller stillenden Mütter voller Milch sind? – Gott, / wann endich kommt der Tag, / an dem wir aufhören, die Hungernden mit Waffen / zu versorgen, anstatt mit Brot und Saatgut? – Gott, / wann endlich kommt der Tag, / an dem wir den Menschen in der Dritten Welt gerechte / Preise zahlen für Kupfer, Kaffee, Ananas, Orangen, / gerechte Preise für unseren Genuß? / Wann hören wir endlich auf, / auf Kosten dieser Menschen zu leben? / Gott, / wann endlich kommt der Tag? Wir feiern das Fest des Teilens. Wir teilen hier das Brot, / das Brot des Lebens, / Brot, das schreit nach Gerechtigkeit, / Brot, das schreit, weil viele an Brotlosigkeit sterben, / Brot, das uns anschreit, unser Leben zu teilen, / zu geben, solange bis keiner mehr hungert / auf dieser Welt. – Gott, / gib uns dieses Brot, deinen Geist, deine Gerechtigkeit, / damit wir endlich anfangen zu teilen, / das ganze Leben teilen.
(aus: Wolfgang Burgstaller/Hermann Josef Immekus, Gott im Gefängnis. Gebete bei Brot und Wein. Padligur Verlag, Hagen 1988, S. 153f.).

Liturgisch und gottesdienst-dramaturgisch wäre es schön, z.B. mit einer Gemeindegruppe (Kinder, Erwachsene, Konfirmanden, Groß-Familie) *den Umgang mit Brot darzustellen* (pantomimisch, erzählend, spielerisch). Dorthin gehört auch das Brot, das mehr ist: Arbeit und Muße, Kleidung und Wohlstand, Besitzen und Loslassen, Beziehungen – und wie wir sie leben.

Vorschläge zur Predigt

Kurz gebündelt werde ich so predigen: Daß unser Körper Essen und Trinken braucht, wissen wir. Daß Leib und Seele mehr brauchen, Lebens-Brot, ahnen wir. Jesus bietet es uns an: Vertrauen, Liebe, Beziehung – zu Gott wie zu Menschen.

Möglicher Predigtanfang
»Essen und Trinken hält Lieb und Seele zusammen, sagt eine Redensart. Essen und Trinken – ich denke an meine Lieblingsessen, an besondere Leckerbissen, an ein schönes kaltes Buffet – oder einfach ein frisches Stück Brot, dazu ein Glas klares Berg-Wasser, ein erfrischender Saft oder ein guter Schluck Wein. Herrlich! Essen und Trinken hält Leib und Seele zusammen ... Viele freuen sich daran und können es genießen. Und wer es nicht kann, hat oft seelisches Leid. Aber: Was hat die Seele damit zu tun? Nun: Noch besser schmecken Essen und Trinken mit Anderen zusammen, mit reichlich Zeit, gemütlich zu sitzen, in Ruhe zu genießen und miteinander zu erzählen, zu reden. Da können Leib wie Seele satt werden!«

Zum weiteren Verlauf
Satt werden ist mein Stichwort für die weitere Predigt-Gestaltung. Die Menschen, die zu Jesus drängen, sind satt geworden – einmal – und hoffen, diese Erfahrung absichern zu können, wenn sie IHN zum »Brotkönig« machen. Ich möchte nun gern die Erwartungen aus dieser Haltung Jesus gegenüber an den Versen 30 bis 33 entlang paraphrasieren: Warten auf ein neues Zeichen als Beweis seiner Kräfte und als Erfüllung ihrer Wünsche; gierige, aber unersättliche Suche nach Bestätigung und gestilltem Lebenshungeer; sehen und doch nicht sehen; der Verweis auf ihre eigene Geschichte = ihren eigenen Wert – und wie dies, einer Welle gleich, bei Jesus abebbt, im Sande verläuft. Er korrigiert ihr selbstgezimmertes Lebens-Bild: Gott selbst gibt Himmelsspeise, nicht menschliche Leistung oder Würde, z.B. Mose. »Armer Jesus, du hast deine Chance vertan! Jetzt waren sie endlich so weit ... Sie hätten alles für dich getan! Hättest du ihren Heißhunger doch nur gestillt und dich eingereiht in ihr Bild vom Wundertäter, vom wunderbaren Brötchengeber! – Aber so?? Was für ein Leben hast du denn anzubieten, Jesus? Wie konntest du nur diese Chance vergeben?! – Offensichtlich will Jesus nicht einfach Wundertäter sein, bestaunt, gefeiert, und zu immer blendenderen Wundertaten getrieben. Offensichtlich will er nicht nur volle Mägen und begeisterte Bewunderer, sondern lebenssatte Menschen, denen es an Leib *und* Seele wohlgeht.«
Wir kennen die Zusammenhänge, wie abhängig körperliches und seelisches Befinden sind.
Dorothee Sölle beschreibt diese Situation treffend in ihrem Buch »Die Hinreise«, Stuttgart 1977, vor allem auf den Seiten 7 bis 8. Wer das Buch zur Hand hat, kann es mit Gewinn hinzuziehen. Es ist aber genausogut möglich, eigene Erfahrungen in den Blick zu nehmen bzw. gemäß eigener Kenntnis zu konkretisieren und zu aktualisieren, wo ihm/ihr »der Tod am Brot allein« sichtbar wird. Ernüchternd sind solche Erfahrungen und Beobachtungen:

»Ernüchternd ist das: wenn ich nicht mehr andere festlegen kann auf mein Bild von ihm oder ihr. Ernüchternd, wenn ich erkennen muß, daß selbst Brot und Kleidung, Arbeit und Zuhause, Freizeit wie Urlaub nicht einfach erfülltes Leben bedeuten. Wir können auch leer bleiben – als ob unsere Seele nicht verdauen könnte, was sie angeboten bekommt. Dann wollen wir nur mehr, immer mehr – und werden nie satt! Wir rufen nach Wunderdoktoren oder Zaubermeisterinnen – wie die Leute, die zu Jesus drängen in unserer Geschichte.«
Hier könnte auch darauf hingewiesen werden, daß es schädliche Zusätze in unserem Leben gibt, die uns den Geschmack am Leben verderben. Vgl. dazu die Ausführungen von Hannelore Morgenroth (s. Kontexte). Schließlich stellt sich für mich die Frage, wie Jesus behaupten kann, anderes, Sättigenderes bieten zu können. Die Antwort liegt in dem »Ich bin ...«: Vers 35!
»Jesus teilt sein Leben mit uns. Er stopft uns nicht den Mund mit süßem Brot und schönen Versprechungen. Er weckt unseren Hunger nach Leben, nach gesättigter Liebe, nach gestilltem Durst. Und er nährt uns mit einer inneren Kraft, die aus Gott kommt: Vertrauen, das Mauern übersteigt, Mauern des Hasses, Mauern bleibender Unzufriedenheit und ungelebter Lebens-Träume. In Jesus schenkt Gott uns lebendigen Anteil an sich selbst – bis heute, immer wieder neu. Jesus als der Gesandte Gottes, der Mensch, der es riskieret, die schnellen Antworten der Menschen, die ihn nur (!) bewundern möchten, zu befragen. Jesus, ein Mensch, der viel Vertrauen einsetzt gegenüber Gott und Menschen, der Enttäuschungen erleidet und dennoch ein Liebender bleibt. Jesus, das Brot des Lebens, das sättigt nach Leib und Seele.«
Auf Erich Fromms Lebenshaltung in »Haben oder Sein« möchte ich gern zu sprechen kommen. Er unterstreicht den hohen ›seelischen Nährwert‹ guter Erfahrungen: »Das Erlebnis des Liebens, der Freude, des Erfassens einer Wahrheit geschieht nicht in der Zeit (= irgendwann; TS), sondern im Hier und Jetzt. Das Hier und Jetzt ist Ewigkeit, das heißt Zeitlosigkeit.« (E. Fromm, Haben oder Sein. Die seelischen Grundlagen einer neuen Gesellschaft, Stuttgart 1976, S. 128). Dann – so Fromm – muß ich nicht krampfhaft festhalten, kann im Augenblick genießen, werde satt, befreit und lebenssatt. Biblisch gesagt: »Gottes Brot, das vom Himmel kommt und der Welt das Leben (gibt)« (Vers 33). Darum kann Jesus sagen: »Ich bin das Brot des Lebens. Wer zu mir kommt, den wird nicht hungern; und wer an mich glaubt, den wird nimmermehr dürsten.« (Vers 36). Und er meint damit Leib *und* Seele, glücklicherweise! Davon können, davon sollen wir auch leben, Sie wie ich, jeden Tag neu.

Predigtschluß
Zum Schluß – für Seele und Leib – eine kurze Begebenheit:
Ein Pfarrer erhielt eine Konfirmandenbibel mit der Bitte, eine Widmung hineinzuschreiben. Er sah, daß ein Pate schon den Konfirmandenspruch

eingetragen hatte: »Ich bin das Brot des Lebens.« Eigentlich ist damit alles gesagt. Aber halt, wird das Wort auch richtig verstanden und angewendet? Brot muß man kauen und verdauen, sonst nährt es nicht. Das Wort muß man in sich verarbeiten im Miteinander von Hören und Tun, sonst kann Gott nicht an uns arbeiten. Deshalb setzt der Pfarrer unter das Wort vom Brot des Lebens: »Laß es nicht verschimmeln!« (Aus: Rolf Sättler, Guten Morgen. © 1987 Brendow-Verlag, Moers)
Schade, wenn es bei uns verschimmelte: denn Jesus, Gottes Lebens-Brot, will uns sättigen an Seele und Leib! Amen.

Kontexte:

»Rast! Gast sein einmal. Nicht immer selbst seine Wünsche bewirten mit kärglicher Kost. Nicht immer feindlich nach allem fassen; einmal sich alles geschehen lassen und wissen: Was geschieht, ist gut.«
(Dieser Gedanke von Rainer Maria Rilke könnte sich als Begrüßung eignen. Aus: Sämtliche Werke. © Insel Verlag Frankfurt am Main 1955; »Rast! Gast sein einmal ...«)

»Nicht jedes Brot macht satt, sondern manches liegt schwer im Magen, weil zu viel an schädlichen Zusatzstoffen hineingebacken ist – auch im übertragenen Sinn ... Es sind die schädlichen Botschaften, die Kinder auch mitschlucken müssen: ›Aus dir wird nichts!‹ – ›Gott liebt nur die braven Kinder!‹ – ›Wenn du nicht wärst, dann wäre heute alles besser!‹ – ›Du schaffst es doch nicht!‹ – Und vieles mehr schlucken Kinder, was abwertet, lähmt und lebensuntüchtig macht. Wie oft ist die Atmosphäre bei Tisch vergiftet, und was eine ›gesegnete Mahlzeit‹ sein sollte, ist eher einem Kampfplatz vergleichbar, auf dem Machtkämpfe ausgetragen werden.« (Einleuchtende Gründe für später unersättliches Leben, gefunden bei: Hannelore Morgenroth, Den Brunnen aufschließen. Selbstentdeckungen mit biblischen Geschichten, Kösel-Verlag, München ^{2}1990.)

»Wir müssen das Brot teilen, um zufriedener zu werden. Wir müssen das Brot teilen, um glücklich zu sein.!« (So Paul Jakobi in: Damit das Glück Wurzeln schlägt. Erzählungen, Märchen und Gedichte aufgeschlossen für Gespräche in Schule, Gemeinde und Jugendarbeit, Mainz 1987, S. 70 – und zitiert dann einen Koreaner?/Chinesen? Kim Chi Ha:) »Wie Du den Himmel nicht allein haben kannst, mußt Du das Brot mit den anderen teilen. Das Brot ist der Himmel. Wie der Anblick der Sterne am Himmel allen gemein ist, mußt Du das Brot mit den anderen zusammen essen. Das Brot ist der Himmel. Kommt das Brot in Deinen Mund hinein, nimmt Dein Körper den Himmel auf. Das Brot ist der Himmel. Ha, das Brot muß man teilen.«
(aus: »MISSIO-PASTORAL-Werbeheft für die Missionarische Kirche 3/83«. Missio, Aachen.)

Ebenfalls bei Jakobi, S. 72 steht ein schönes »Gebet« von Wolfgang Schmölders:
»wir brechen das brot / wir teilen das leben / wir üben das geben / mit männern / und frauen / mit alten / und grauen / mit mädchen / und jungen / mit traurigen / fragenden / lachenden / zagenden / glücklichen / klagenden / wir brechen das brot / wir teilen das leben / wir üben das geben / mit müden / und matten / mit armen / und satten / mit großen / und kleinen / mit wartenden / hoffenden / zögernden / offenen / wissenden / schweigenden / wir brechen das brot / wir teilen das leben / wir üben das geben.«

8. Sonntag nach Trinitatis

Predigttext: Jesaja 2,1–5

Reinhard Kramm

Theologisch-homiletische Skizze

»Schwerter zu Pflugscharen ...« Welcher Pfarrer hat mit diesem Text nicht seine eigene Geschichte? Vielleicht während des Golfkriegs? Oder damals, in der DDR? Oder noch früher, als man sich um Pershing-Raketen stritt? Jesaja 2, so scheint es: Ein Text für Extremsituationen!

Und nun? Kann er *situationslos* gepredigt werden? An einem beliebigen Sonntag im Sommer 1993? Kann er zur Sprache kommen, ohne daß jeder Hörer seine eigene Geschichte mit diesem Text sofort erinnert? Ist er nicht ein beschriebenes Blatt, noch bevor ich das erste Wort der Predigt gesagt habe?

Der Text: Ein Ausweg aus diesem Dilemma: Von vornherein *nicht* den Predigtschwerpunkt auf das Wort von den Pflugscharen legen. »Jesaja 2,1–4 ist ein *Verheißungswort*! Es wäre gut, ... die Verheißung Gottes farbig und Gestalt werden zu lassen.« (Mommer, Exegese, Band III/4) Wer diesem Weg folgen will, dem stellt sich zunächst die formgeschichtliche Frage: Was macht Jesaja da eigentlich? Was ist Verheißung für eine Art Rede? Steckt etwas in Jesajas Vision, das sich sinnvoll in heutiger Zeit und Gemeinde predigen ließe?

Die Situation: Die kirchliche Diskussion in der Schweiz (und auch anderswo) kreist um ein neues Schlagwort: *»Unsere Gemeinden haben keine Visionen mehr!«* Gemeint ist (nach Jahren der Sattheit und fraglosen Klarheit) eine gewisse Perspektivlosigkeit: Wofür ist die Kirche überhaupt gut? Wer will unsere Botschaft noch hören? Sind die letzten Jahre der weltpolitischen Umwälzungen nicht ein Triumph von Geld und Macht, statt von Recht und Gerechtigkeit?

In solchen Tenor hinein wirkt Jesajas Verheißung *antizyklisch*! Eine Vision – in visionsloser Zeit! Rede von Hoffnung – wo manchem in der Kirche das Hoffen schwer fällt! Wie kommen die Zwei zueinander?

Konsequenzen: Um Jesajas Verheißung vor heutiger (möglicher) Visionslosigkeit plausibel erscheinen zu lassen, werde ich an das Phänomen des Traums erinnern. Im Traum ist wahr, was ich sonst nicht sehe! Der Traum weckt ungeahnte Kräfte. Und ein Mensch ohne Träume, hat er mit ihnen nicht auch die Hoffnung auf eine Änderung – aufgegeben?

Aber dieser Traum des Jesaja – vor unserer Wirklichkeit ... Wie verhindere ich, daß meine ganze Predigt »nur« ein Traum bleibt? Wie umgehe ich die Gefahr, ein Ideal in Jesaja zu projizieren, an das ich selbst kaum mehr zu glauben wage?

Verheißung in unserer Wirklichkeit: Jesajas Vision kann nur eine Offenbarung sein – unter ihrem Gegenteil! Sie ist mir nur als Theologie des Kreuzes verständlich! Denn: Keine Völkermassen strömen bis jetzt zum Gottesberg. Nicht einmal in unsere Kirchen strömen die Massen. Nur ein Kreuz steht auf dem Zion. Einsames Hoffnungszeichen, daß Jesajas Vision doch noch einmal Wirklichkeit werden könte! Oder – *war* sie längst schon Wirklichkeit?

Vorschläge zur Liturgie

Eingangsspruch
Hebräer 11.1: »Es ist aber der Glaube eine Zuversicht auf das, was man hofft, eine Überzeugung von Dingen, die man nicht sieht.«

Lesung
Schwerpunkt Zionstradition: Psalm 48. Oder: Offenbarung 14,1–5.
Schwerpunkt Völkerwallfahrt: Hagai 2.1–9. Oder: Sacharia 8.
Schwerpunkt Kreuzestheologie: Römer 7,(18–23)24–25.

Lieder
Ungewohnt – aber das Schweizer Gesangbuch bietet hier mehr Möglichkeiten: 197,4–6 (Großer Gott, Text: Karl von Greyerz), 22.1–3 (Gottes Stadt steht fest gegründet), 355 (Wir schauen aus nach Frieden). Im Deutschen Gesangbuch: 129 (Tut mir auf die schöne Pforte), 108,5 (O komm du Geist der Wahrheit).

Gebet vor der Predigt
Ich habe mich auf den Weg gemacht zur Kirche.
Einen Berg hinauf mit vielen Stufen.
Vielleicht habe ich mich überwinden müssen?
Vielleicht bin ich unsicher,
ob dieser Weg heute sich lohnt?
Ich bitte dich, Gott:
Laß mich jetzt etwas von deiner Gegenwart spüren,
heute, in diesem Gottesdienst.
Und falls ein Berg auf meiner Seele liegt –
mache ihn leichter!
Vielleicht gibst du mir etwas mit
vom Berg zurück ins Leben für den Abstieg?
Einen kleinen Hinweis?
Ein einzelnes Wort?
Eine kleine Scheibe vielsagender Stille?

Gebet nach der Predigt
Barmherziger Gott, reich an Geduld,
wir bitten für alle,
die noch etwas in ihrem Leben ändern wollen.
Gib ihnen den Mut,
ohne den sich nichts ändert.
Und gib ihnen Vertrauen in die Zukuknft,
die ja auch deine Zukunft ist.
Wir beten für alle,

die nichts mehr
in ihrem Leben ändern können – oder wollen.
Für Menschen, die unter Krieg leiden.
Für Menschen, die unter dem Leben –
in all seiner Grausamkeit – seufzen.
Wenn sie nichts ändern können,
dann ändere du ihr Leben!
(Quelle nicht mehr bekannt)

Vorschläge zur Predigt

Möglicher Predigtanfang
»Mit siebzehn hat man noch Träume ...« So singt ein alter Schlager. Mit siebzehn, also: Als Jugendlicher. Da steht einer am hellichten Tag in der Gegend. Und die Gedanken sind woanders.
»Wovon träumst Du im Leben?«, habe ich gestern die Konfirmanden gefragt.
Einer hat gesagt: »Daß wir es besser machen, als die Erwachsenen!« Und eine andere: »Endlich für Frieden sorgen!« Und eine dritte: »Der Umwelt mehr Sorge tragen. Manchmal träume ich davon, wir könnten noch einmal bei Null anfangen!«
Den Träumen sind keine Grenzen gesetzt. Jedenfalls mit siebzehn (oder mit fünfzehn) – kaum. Ob ein Erwachsener auch noch so träumen kann? Entscheidend in den Weltlauf einzugreifen? Es kommt selten vor, daß mir einer von seinen Träumen erzählt. Vielleicht produziert unser Ort schon genug Träume? Ferienträume, für Touristen – daß einem selber die Lust am Träumen vergeht? Oder liegt es daran, daß ein Aroser vor lauter Arbeit gar nicht mehr zum Träumen kommt? Denn in der Regel geht es darum: Um Arbeit! Ärger wird angedeutet über Ereignisse der Dorfpolitik. Verschiedene Interessen werden sichtbar: Mehr Baumarkt oder mehr Bauplanung? Mehr Natur oder mehr Tourismus? Und natürlich: Vom »ältesten Bündner« hört man auch: Vom Neid.
Kurz: *Verhinderte* Träume sind in der Luft. Aber wo sind die echten, die *großen* Träume geblieben?

Zum weiteren Verlauf
Jesaja träumt einen großen Traum! Einen Traum für die Welt. Und die Welt verändert sich im Traum! Der Berg Zion zum Beispiel: Jesaja träumt, der werde alle anderen Berge überragen. Dabei weiß jeder, der einmal in Israel war, daß der Zion gar kein Berg ist. »Hügel« würde ein Aroser sagen. Bestenfalls. Jedenfalls stehen ganz andere Berge um diesen Hügel herum. Aber Jesaja träumt. Daß die Völker zu diesem Berg ziehen, von überall her. Und alle Spieße und Schwerter werden dort umgebaut. Zu Werkzeugen des Friedens werden sie geschmiedet. Was für ein Traum!

Ich glaube: Wenn eine christliche Gemeinde diesen Traum nicht mehr zu träumen vermag, dann ist es traurig um sie bestellt! Irgendetwas Entscheidendes, eine letzte Ernsthaftigkeit fehlt dann.
Die Konfirmanden gestern habe ich gefragt: »Für was im Leben würdest Du Dich mit Deiner ganzen Kraft einsetzen?« Einer hat gesagt: »Für die Ausländer unter uns.« Ich habe zurückgefragt: »Ist Dir klar, daß Du dann bei vielen Menschen anecken wirst, und sogar angefeindet?« Der Konfirmand hat gefunden: »Das ist mir egal!«
Und Jesaja offenbar – ist das auch egal! Darum redet er vom »Frieden« in einem Bild, bei dem die Funken fliegen! Schwerter werden zu Pflugscharen umgeschmiedet, und Spieße zu Rebmessern.
Ein heißes Eisen, dieses Bild! Schließlich gibt es Menschen (und Kirchgemeinden), die sich bei der Diskussion dieser Themen »Frieden« und »Ausländer« die Finger verbrannt haben! Aneinander verbrannt haben. Und manch Christ geht aus diesem gesellschaftlichen Gespräch hervor, wie ein umgeschmiedeter Spieß: Krumm und verbogen.
Jesajas Traum – der ist mit vielem verbunden. Nicht zuletzt: Mit Enttäuschung!
Auch Pfarrer träumen ... Mancher träumt, es werde einmal eine Zeit anbrechen, wo alle in die Kirche strömen – so ähnlich wie die Völker zum Berg Zion. Aber: Die Wirklichkeit ist auch hier nicht danach! Es bleibt ein Traum. Und falls er einmal erfüllt würde, dann platzte die Kirche aus allen Nähten, keiner hätte einen Stuhl, und es gäbe einen Haufen neuer Probleme.
Erfüllte Träume sehen bisweilen ganz anders aus, als ich sie mir vorstelle!
Und damit sind wir bei Jesus. Denn tatsächlich: Im Neuen Testament ist der Zion plötzlich zum Berg des Herrn geworden. Und Gott spricht Recht für alle Völker. Aber nicht in strahlendem Glanz. Sondern in merkwürdiger – Unklarheit. In einem Kreuz.
Vielleicht hängt es an dieser Unklarheit, daß die Völker nicht zum Berg geströmt sind? Und die Menschen unserer Tage nicht zur Kirche strömen?
Vom Zion herab stiegen die ersten Christen in die Welt hinein. Und erzählten: ›Gott ist am Kreuz. Und wenn du vom Glauben redest, oder dich einsetzt für Frieden – dann kommst Du an diesem Kreuz nicht vorbei!‹

Möglicher Schluß
Vielleicht liegt hier auch die Richtung für heutige Christen: Aus der Kirche heraus? Vom Berg Zion in die Welt hinein zu strömen? Berichten könnte ich von dem, was sich auf dem Berg ereignet hat! »Gott wird Recht sprechen zwischen den Völkern. Und er hat sein Recht schon erkennbar gemacht: Im Weg des Gekreuzigten. Unter Leiden – kann Gerechtigkeit ihr Gehör finden!«
»Ist unsere Welt gerecht?«, habe ich gestern die Konfirmanden gefragt. Und sie haben gefunden: »In Arosa eher ja. Aber wenn man in die weite

Welt schaut, eher nein.« Und dann hinzugefügt, daß sie sich natürlich für Gerechtigkeit einsetzen würden. Solange Jugendliche so etwas sagen (und vielleicht sogar auch tun) – solange werden die Worte von Jesaja ihre Hörer finden! Und daß Gott wirklich einmal Recht sprechen wird zwischen den Völkern, ganz anders vielleicht, als wir das versuchen, das bleibt nach wie vor: Ein großer, ein guter Traum für die Welt! Amen.

Kontexte

Tatsächlich schien die Welt vom Holocaust des Zweiten Weltkrieges nichts gelernt zu haben. Nicht nur die apokalyptische Zukunftsvision eines globalen Weltvernichtungskrieges hielt die Menschheit in Atem. Seit 1945 wurden allein in der Dritten Welt Kriege geführt, die mehr als 30 Millionen Menschen das Leben kosteten ... (die Zahlen danach sind uns nicht bekannt, doch dürften sie sich beinahe verdoppelt haben). Und dies in Staaten, die sich in einer UNO zusammengefunden haben und dort führende Rollen spielen, einer UNO, die sich »Vereinte Nationen« nennt, und die in ihrem Gebäude am East River die Worte des Propheten Jesaja (Vers 2.4) eingemauert (und sogleich wieder vergessen) hat: »Dann schmieden sie Pflugscharen aus ihren Schwertern ...«
(Gion Condrau, Der Mensch und sein Tod. 2. überarb. Aufl., Kreuz Verlag AG Zürich 1991, Seite 23)

Was du träumen kannst, das kannst Du auch tun.
(Walt Disney)

Alle Menschen träumen; aber nicht gleichermaßen.
Jene, die bei Nacht träumen,
in den staubigen Winkeln ihrer Seele,
erwachen und merken, daß es Einbildung war;
aber die Tagträumer sind gefährliche Menschen,
sie können ihre Träume offenen Auges
betreiben, um sie möglich zu machen.
(T. E. Lawrence)

Visionen wirken packend. Anfangs ist die Führungsfigur davon gepackt, dann springt die Aufmerksamkeit auf andere über und veranlaßt sie, auf den fahrenden Zug aufzuspringen ...
Die Visionen ... schienen bei den Mitarbeitern Zuversicht auszulösen, eine Zuversicht, die sie mit der Überzeugung erfüllte, daß sie fähig seien, die notwendigen Aufgaben durchzuführen. Diese Führer verwöhnten nicht, sie forderten heraus. Edwin H. Land, der Gründer von Polaroid, sagte zu uns: »Das erste, was man natürlich tut, ist dem Betreffenden das Gefühl zu geben, daß die jeweilige Aufgabe eminent wichtig und nahezu unmöglich zu bewältigen ist. ... Das ist der nötige Ansporn, der Menschen stark macht und sie geistig auf die richtige Fährte setzt.«
Vision animiert, inspiriert und setzt Absichten in Handlungen um.
(Warren Bennis, Burt Nanus, Führungskräfte, Campus Verlag Frankfurt 1985, Seite 35 und 37)

9. Sonntag nach Trinitatis

Predigttext: Matthäus 7,24–27

Ludwig Burgdörfer

Theologisch-homiletische Skizze

Auf dem Ende einer Rede liegt besonderes Gewicht. Das gilt für die Komposition der Bergpredigt Jesu bei Matthäus erst recht. Das Ende des Redens ist auch das Ende des Hörens. Alles hat seine Zeit. Jetzt geht es um die Konsequenzen. Das Doppel-Gleichnis vom Hausbau markiert unmißverständlich diese Zäsur. Ich stimme dem exegetischen Befund H.D. Knigges zu (in dem Band III/4).

Jetzt muß es sich zeigen – im (Un-)Wetter der Zukunft – ob »diese meine Worte« für die Hörer zu lebensrettenden und stabilisierenden Tat-Sachen werden. Fundamentales entscheidet sich beim Hören auf Jesus – und erst recht danach! Bestand oder Zerfall, Grund oder Abgrund. Es wird ganz ernst-paränetisch – warnend am Ende dieser Rede. Kein Wunder, daß Matthäus die Reaktion der Hörer so drastisch (Entsetzen!) in Vers 28 beschreibt. Es geht demnach (auch) um eschatologisch-endgültiges Ergehen. Begründetes Handeln ist gefragt. Grundlos können Christen nicht sein. Alles kommt auf den Standort an. Nur die in Gottes Halt Bewahrten können sich in den Gezeiten des Lebens bewähren. Nur sie halten definitiv dem Wetter stand. So höre ich den theologischen Sachverhalt, den diese Bildworte transportieren.

Alles Aufgebaute ist nichts, es sei denn, es steht auf der Grundlage eines tragfähigen Fundamentes. Und das kann nur im Einflußbereich der Nähe dessen sein, der einzigartig Wort und Tat in seiner Gegenwart vereint und kongruent zueinander macht. Der Text ist einladend offen und kommunikabel, weil er ein typisch menschliches Grundphänomen thematisiert: bauen tun wir alle. Nicht nur am europäischen Haus ... Wir arbeiten unentwegt daran, unser Leben unter Dach und Fach zu bringen. Als Bauherrn unserer Biographie bringen wir unsere Gedanken und Beziehungsgebäude aber auch permanent in Einsturzgefahr.

Alles kommt darauf an, ob bei Erschütterung und Wettersturz unser bisheriger Lebensentwurf wie ein Kartenhaus zusammenfällt, nicht standhält mangels Standpunkt, oder gehalten wird dank der stabilitas dei. Als hermeneutische Konsequenz müssen wir der Sache auf den Grund gehen am 9. Sonntag nach Trinitatis, während hoffentlich anhaltend schönes Sommerferienwetter herrscht. Wir müssen über den möglichen Umschwung und die erfahrenen Erschütterungen unseres Lebens nachdenken und zwar unter der Fragestellung: Worauf kann und will ich mich felsenfest verlassen? Worauf ist mein Leben aufgebaut? Womit steht und fällt es?

Solange die Sonne scheint, ist keines der beiden Häuser in Gefahr. Eitel Sonnenschein bringt die entscheidende Grundlage nicht an den Tag. Solange auf unserem Leben wenig Schatten liegt, stehen wir noch gut da. Dann ist aber auch die Zeit günstig zur Inspektion an der Baustelle unseres Lebens. Wenn die Wände wackeln, geht niemand mehr gerne in den Keller. Also nutzen wir diesen Sonntag im Windschatten der Sommerzeit zur Standortbestimmung persönlich und in der Gemeinde. Das Hören darf aber dabei nicht von der Überbetonung des Tuns bzw. Bauens disqualifiziert werden. Es ist die conditio sine qua non allen Tuns. So wie der Glaube aus der Predigt folgt, so das Gehorchen aus dem Hören. Deshalb feiern wir zuerst den Gottesdienst und gehen dann vom Hören ins Handeln. Das ist die Intention meines Entwurfes.

Vorschläge zur Liturgie

Biblisches Eingangswort
»Einen anderen Grund kann niemand legen, außer dem,
der gelegt ist, welcher ist Jesus Christus.«
(1. Korinther 3, Vers 11)

Eingangspsalm
Wer falsche Ratgeber durchschaut, der ist gut dran.
Wer sich von schlechtem Vorbild nicht verleiten läßt
und nicht Wege geht, die in Schuld enden müssen.
Gut ist dran, wer sich nicht zu denen hält,
die gedankenlos über Gott daher reden
und für den Glauben nur Spott haben,
sondern wer nachdenkt über das, was uns helfen kann
und dann weiß, was er glaubt und wofür er lebt.
Der ist wie ein Baum mit tiefen Wurzeln,
der Kräfte hat, dem Wetter standzuhalten
und Frucht zu tragen, wenn es an der Zeit ist.
Der verbringt sein Leben nicht nutzlos,
und woran er arbeitet, das wird nicht vergeblich sein.
Denn wer nach Gott fragt, der entdeckt das Leben,
das ganzen Einsatz lohnt und sich bewährt.
(nach Psalm 1; aus F.K. Barth/G. Grenz/P. Horst: Gottesdienst menschlich. Peter Hammer Verlag Wuppertal, Neuauflage 1992)

Eingangsgebet
Herr Jesus Christus,
Du bist der Grund, der uns hier zusammenkommen läßt
und zu einer Gemeinde macht.
Wir danken Dir, daß wir hier sein dürfen
und das Versprechen Deiner Gegenwart haben.
Wir kommen zusammen als Menschen,
die in ihrem Alltag Freude und Leid,
Enttäuschung und Ermutigung erleben,
die Unrecht erfahren, aber auch selber oft schuldig werden.
All das prägt uns –
und wir legen es vor der Kirchentür nicht einfach ab,
wie einen Mantel an der Garderobe.
So wie wir sind und wie uns zumute ist,
treten wir vor Dich und warten darauf,
daß Du uns mit Deinem Wort wieder festen Boden unter unsere Füße gibst.
Rede mit uns und hilf uns hören.

Fürbittengebet
Herr unser Gott,
höre uns, wenn wir zu Dir rufen.
Dir wollen wir gehören und gehorchen.
Wir sind dankbar und getrost,
daß auch diese neue Woche in Deinen Händen liegt.
Ohne Dich müßten wir mutlos werden.
So aber dürfen wir Hoffnung haben für unser Leben.
Hilf uns handeln im Glauben,
und mache uns Mut.
Darum rufen wir zu Dir:

Gemeinde: Herr erhöre uns!

Wir bitten besonders für die Familien,
bei denen Trauer und Krankheit alle Gedanken bestimmen.
Die kaum etwas fühlen und erfahren können im Augenblick von Deiner Liebe.
Schenke neue Kraft und neues Vertrauen
über alles Rätselhafte hinaus.
Deine Nähe ist unsere Hoffnung.
Darum rufen wir zu Dir:

Gemeinde: Herr erhöre uns!

In dieser Hoffnung denken wir an alle,
die wir liebhaben, in der Nähe und in der Ferne – ...
(Stille)
aber auch an alle denken wir,
die uns das Leben schwer machen
und mit denen wir die Versöhnung suchen.
(Stille)
Darum rufen wir zu Dir:

Gemeinde: Herr erhöre uns!

In dieser Hoffnung denken wir an alle,
die ihre Verantwortung ernstnehmen für die Menschen,
die ihnen anvertraut sind;
aber auch an die, die verantwortungslos in den Tag hineinleben
und den Hilferuf anderer überhören.
Darum rufen wir zu Dir:

Gemeinde: Herr erhöre uns!

In dieser Hoffnung denken wir an die Häuser,
in denen Unfrieden ist und niemand mehr auf den anderen hört,
an die Ehepaare, die sich auseinander gelebt haben,
daß sie sich wiederfinden.

An die Eltern und Kinder, die sich scheinbar nichts mehr zu sagen haben, daß sie wieder anfangen zu reden.
Darum rufen wir zu Dir:

Gemeinde: Herr erhöre uns!

In dieser Hoffnung denken wir an Deine ganze Gemeinde in dieser Welt.
Weite unseren Blick für die gemeinsame Sache aller Christenmenschen
und lehre uns, daß Du ein Gott bist, der will,
daß wir Dir gemeinsam gehören und gehorchen.
Darum rufen wir zu Dir:

Gemeinde: Herr erhöre uns!

Erhöre uns wenn wir zu Dir rufen mit den Worten,
die Dein Sohn uns gelehrt hat!

Vaterunser

Vorschlag zur Schriftlesung
Auszüge aus der Bergpredigt Jesu nach Wahl
– womöglich auf verschiedene Leser/innen verteilt.
Alternativ das Gleichnis vom Sämann/Vierfachen Ackerfeld Matth. 13.

Liedvorschläge
EKG: 129, 144, 190, 249, 269, 298, 424
Alternativen / neue(re) Lieder:
Komm' bau ein Haus ... aus: Unkraut Leben 1977
Herr, gib uns Mut zum Hören
Liebe ist nicht nur ein Wort, aus Anhang 77 Nr. 840 und 856

Vorschläge zur Predigt

Möglicher Predigtanfang/Einleitung
Liebe Gemeinde! Hören ist gar nicht so einfach. Wir tun uns von Anfang an schwer damit. Von klein auf hören wir manchmal nicht gern gut. Lassen uns rufen, ermahnen – und haben's hinterher irgendwie überhört. Und so nehme ich an, ist es auch zu diesem wenig liebevollen, aber wohl lehrreichen Satz gekommen, den beinahe alle kennen: »Wer nicht hören will, muß fühlen!« Ihn haben wir alle schon zu hören bekommen irgendwann, nachdem wir uns trotz ernsthafter Warnungen irgendwo die Finger verbrannt hatten. Das muß nicht unbedingt an der heißen Herdplatte gewesen sein – es gibt noch genug andere heiße Eisen. Jedenfalls haben unsere Eltern uns schon frühzeitig versucht beizubringen, daß Hören etwas mit Gehorchen zu tun hat.

(Hier können persönliche Erlebnisse des Predigers/der Predigerin eine Kommunikation durch Identifikation erleichtern.)
Zu tun, was wir gesagt bekommen von denen, die uns was zu sagen haben – das gehört zu einem der ersten und wesentlichsten Lernschritte unseres Lebens. Aber mit der Zeit werden es ja dann doch immer mehr, die sich Gehör verschaffen wollen, für die wir ganz Ohr sein sollen. Lehrer, Freunde und Freundinnen, Werbung und Mode, Politiker und Prominente, sie und andere machen den vielstimmigen Chor aus, der auf uns einredet. So viele Stimmen – manchmal wissen wir gar nicht mehr, auf wen wir nun hören sollen.

Überleitung/Hinführung
Manche Leute hören (auch) auf Gott. Sie, liebe Gemeinde, Sie gehören dazu; Sie sind dazu heute morgen eigens aufgestanden und früh in die Kirche gekommen, um ihm das Ohr zu leihen. Schön, daß wir es zusammen tun können. Gott spricht ja solange wir leben zu uns. Aber, es ist gar nicht so einfach, seine Stimme herauszuhören, weil es einfach so laut zugeht in uns und um uns herum. Am Sonntagmorgen ist es ein bißchen leiser als sonst. Vielleicht gelingt es uns heute. Die Stimme Gottes hat ja einen Namen. Sie heißt Jesus Christus. Durch ihn spricht Gott zu uns. Viele gute und hilreiche, aber auch aufregende Worte. Einige haben wir als Schriftlesung vorhin vom Altar gehört. Das war schon eine gehörige Zumutung: Feindesliebe, Gewaltverzicht, Salz der Erde, Licht der Welt sollen wir sein usw.
Und mit dem eben gehörten Predigttext wird alles noch eine Spur dringlicher, denn auch Jesus will nicht nur Zuhörer haben. Die gibt es genug. Leute, die ihn gut und interessant und vorbildlich finden. Sympatisanten, denen sein Auftreten und seine Beredsamkeit gut gefällt. Christen, die sich gerne erbauen lassen vom Zuspruch der Liebe Gottes, die die Anrede und das Aufgerichtetwerden brauchen, um das seelische Gleichgewicht nicht zu verlieren. Treue Hörer, sie sind gewiß wichtig. Jesus mag sie und redet sie gerne an. Aber wenn er fertig geredet hat, dann sollen auch sie mit dem Hören aufhören und mit dem Tun anfangen. Denn wer nur hören will, der wird nichts fühlen – der wird's nicht erleben, daß die Worte wahr sind und verläßlich, daß man damit leben kann, was Jesus sagt, ja sogar überleben. Also macht er unmißverständlich klar: Wer mir gehören will, der soll auch gehorchen. Nach dem Hören kommt das Handeln. Wenn nicht, war das Hören umsonst. Hören ist gar nicht so einfach, zumal ein Zweites darauf folgen soll: das Tun, das Ausprobieren, das Anwenden.

Zum weiteren Verlauf
Wie notwendig das zusammengehört – Hören und Handeln – erklärt uns Jesus mit einem Beispiel, das alle verstehen dürften. Auf Fels oder Sand gebaut – standfest oder vom Winde verweht – das ist die Frage, die er uns

stellt. Die Zuhörer müssen sich entscheiden – damals die am Berg und heute wir hier. Vom Bauen verstehen wir alle was. Es müssen nicht unbedingt Häuser sein. Jeder und jede zimmert an seiner Zukunft herum, will sich was aufbauen, seine Beziehungen ausbauen, womöglich manches, was sich als unpraktisch erwiesen hat, umbauen – und die Älteren unter uns spüren, wie sie immer mehr abbauen. Unser Leben ist eine einzige Baustelle. Und Jesus will nicht, daß für ihn »Betreten verboten!« ist. Er will hereinkommen und am Grundriß dieses Entwurfes mitarbeiten, damit wir angelegt an seinem Willen im Maßstab seiner Liebe Erbauliches zustande bringen.

Natürlich baut es sich auf Sand viel leichter. Im Nu hat man sich eingebuddelt und imponierend schnell sein Leben schlüsselfertig hingestellt. Was haben wir deshalb, weil's so schön leicht ging, schon alles in den Sand gesetzt. Vergeblich auf unsere eigenen Kräfte und Freunde und Beziehungen gebaut – wie vieles hat sich im Sand verlaufen an Ideen und Visionen. Nicht nur im privaten Leben – auch in der Gesellschaft, in der wir leben. Manches haben wir schon auf seine Verläßlichkeit hin erprobt. Zunächst unsere Dynamik und Jugend und Gesundheit. Solange die da sind oder waren, stehen und standen wir wie ein Fels in der Brandung. Aber der Verschleiß ist sehr groß. Unser Leben findet nicht im Schonklima des Treibhauses statt. Für jeden und jede stehen auch rauhe Winde und Erschütterungen ins Haus. Egal worauf wir uns verlassen, ob wir uns Sand in die Augen streuen lassen und felsenfest überzeugt sind, daß wir ungefährdet bleiben – im Nu können wir ins Schwanken geraten, machen uns schon kleinste Kränkungen krank. Jugend, Gesundheit, Wissen, Geld, Fortschritt, Macht – wievieles von den angeblichen Grundfesten, auf die unsere moderne Welt aufgebaut ist und war, hat sich mehr und mehr als menschen- und weltbedrohende Gefängnismauern herausgestellt. Unser hochtechnisierter, kaum noch zu bremsender, zerstörerischer Umgang mit allem, was lebt, unser Glaube an die Machbarkeit aller (Un-)Dinge – alles fundamentale Fehleinschätzungen!

(Hier kann der Prediger/die Predigerin aktualisieren durch konkrete Beispiele vor Ort oder zur gegebenen Zeit.)

Auch persönlich sind wir von vielem, was dem Ansturm der Wirklichkeit nicht gewachsen war, enttäuscht. Da hat jeder und jede seine ganz persönlichen Sandkastengeschichten zu verkraften. Darum fragt uns Jesus beim Rundgang über den Bauplatz unseres Lebens nach unserem Fundament: Was hält und trägt Dich trotz allem, was über uns hereinstürmt? Klug nennt Jesus diejenigen, die die Beschwernis auf sich nehmen und sich mühsam auf den Fels gründen, bei weitem nicht so leichtfertig und schwerelos, sondern im Hinblick auf Beständigkeit. Das Gedanken- und Beziehungs- und Leistungsgebäude unseres Lebens mag so groß oder klein, so imposant oder bescheiden ausfallen, wie es will. Das ist nicht entscheidend. Entscheidend ist, ob es felsenfest auf dem Boden der Tat-Sachen steht, die

Jesus Christus uns zu hören aufgibt, ob die bedingungslose Liebe, ob die radikale an die Wurzeln allen Übels gehende Glaubenspraxis unser Leben von Grund auf hält und trägt. Ob wir uns nach vertrauensvollem Hören auf Jesus, das Tun seines Willens zutrauen und zumuten. Davon wird am Ende alles abhängig sein.

Möglicher Schluß
Es geht um viel, weil die Einsturzgefahr groß ist. Jesus will nicht, daß wir in einem Kartenhaus wohnen. Noch haben wir Zeit uns zu verändern. Für die Sanierung ist es noch nicht zu spät. Es gilt, ernsthaft zu überprüfen, wo wir Jesus Christus grundsätzlich in unsere Überlegungen und Pläne, in unsere Absichten und Ansichten einbauen können, ehe das Wetter umschlägt.

Wer seiner Gottesdienstgemeinde mehr Aktivbeteiligung zumuten will, kann kleine *Bausteine aus Farbkarton und Stifte* auf die Bänke legen.
Die Gemeinde wird im Laufe des Gottesdienstes dazu eingeladen, jeweils ein für den/die einzelne/n grundlegend wichtiges Bibelwort aufzuschreiben, das ihm/ihr bisher zum unentbehrlichen Halt in seinem/ihrem Leben geworden ist.
Zu sehen sind frontal im Altarbereich (an einer Wand/auf einem großen Bild) die Umrisse eines Hauses/einer Kirche ohne Fundament. Das heißt: das Gebäude schwebt in der Luft, hat keinen Bodenkontakt, stürzt ins Leere, wenn es nicht untermauert wird. Die Bausteine werden in einer Schubkarre oder in einem Eimer eingesammelt, denen man ihre Bauherkunft ansieht. Nach dem Verlesen werden die Bibelworte als Sockelmauer angeklebt.

Kontexte
Den genauen Zusammenhang ›Hören–Tun‹ verdeutlicht eindrucksvoll die Kurzgeschichte vom ›guten Menschen am Höllentor‹. Auch wer nichts tut, tut etwas, nämlich nichts dagegen oder dafür:
»Die Hölle war total überfüllt, und noch immer stand eine lange Schlange am Eingang. Schließlich mußte sich der Teufel selbst herausbegeben, um die Bewerber fortzuschicken. ›Bei mir ist alles so überfüllt, daß nur noch ein einziger Platz frei ist‹, sagte er. ›Den muß der ärgste Sünder bekommen. Sind vielleicht ein paar Mörder da?‹ Und nun forschte er unter den Anstehenden und hörte sich deren Verfehlungen an. Was auch immer sie ihm erzählten, nichts schien ihm schrecklich genug, als daß er dafür den letzten Platz in der Hölle hergeben mochte. Wieder und wieder blickte er die Schlange entlang. Schließlich sah er einen, den er noch nicht befragt hatte. ›Was ist eigentlich mit Ihnen – dem Herrn, der da für sich allein steht? Was haben Sie getan?‹
›Nichts‹, sagte der Mann, den er so angesprochen hatte. ›Ich bin ein guter Mensch und nur aus Versehen hier. Ich habe geglaubt, die Leute ständen hier um Zigaretten an.‹

›Aber Sie müssen doch etwas getan haben‹, sagte der Teufel. ›Jeder Mensch stellt etwas an.‹
›Ich sah es wohl‹, sagte der ‚gute Mensch', ›aber ich hielt mich davon fern. Ich sah, wie Menschen ihre Mitmenschen verfolgten, aber ich beteiligte mich niemals daran. Sie haben Kinder hungern lassen und in die Sklaverei verkauft; sie haben auf den Schwachen herumgetrampelt. Überall um mich herum haben Menschen von Übeltaten jeder Art profitiert. Ich allein widerstand der Versuchung und tat nichts.‹
›Absolut nichts?‹ fragte der Teufel ungläubig. ›Sind Sie sich völlig sicher, daß Sie das alles mitangesehen haben?‹
›Vor meiner eigenen Tür‹, sagte der ‚gute Mensch'.
›Und nichts haben Sie getan?‹ wiederholte der Teufel.
›Nein!‹
›Komm herein, mein Sohn, der Platz gehört dir!‹
Und als er den ‚guten Menschen' einließ, drückte sich der Teufel zur Seite, um mit ihm nicht in Berührung zu kommen.«
(nach Calderon)

Auch das klügste Wort bleibt am Ende Geschwätz, wenn es nicht auf irgendeinem Wege zu Taten führt. Arthur Schnitzler

Wir müssen erkennen, daß es Aberglaube ist, wenn wir annehmen, Gott werde handeln, wenn wir müßig bleiben. Martin Luther King

Es ist nicht genug zu wissen: man muß auch anwenden; es ist nicht genug zu wollen: man muß auch tun. Johann Wolfgang von Goethe

10. Sonntag nach Trinitatis

Predigttext: Johannes 2,13–22

Egbert Haug-Zapp

Theologisch-homiletische Skizze

Der 10. Sonntag nach Trinitatis ist der »Gedenktag der Zerstörung Jerusalems« (zumindest in Gemeinden wie der unsrigen, wo vor 55 Jahren eine Synagoge zerstört wurde und im Gefolge davon noch viel mehr), noch immer ein unbequem-wichtiger Gedenktag. Doch eignet sich der vorgegebene Text nicht für solches Gedenken. Mit seinem Verweis auf die Tötung Jesu durch die »Juden« weckt er Gedankensplitter, mit denen der Antisemitismus eher gerechtfertigt als eingedämmt wird. Wer sich für den Gedenktag als Thema des Gottesdienstes entscheidet, sollte sich für einen anderen Text entscheiden. Ich nehme mir vor, im Rahmen der Abkündigungen einige Sätze zum Gedenktag zu sagen, in der Predigt aber auf diesen Bezug zu verzichten, erst recht auf Bezüge zum Fest der Aufnahme Mariens in den Himmel, das ja 1993 auf diesen Sonntag fällt.

Die Exegese (in Band III/4) gibt für die Predigt des Textes drei mögliche Zielrichtungen vor, die in der eingesehenen Predigtliteratur auch alle schon realisiert wurden:

– Eine Aktualisierung der Kritik an der Vermarktung des Gottesdienstes, der Kirchenräume, der Kirche, der Religion …

– Die Korrektur eines allzu harmoniebedürftigen Jesusbildes durch Verweis auf seinen Eifer und sein handgreifliches Eingreifen, samt aktualisierender Geißelung schlechter Zustände heute …

– Die Betonung des Zeichens, das Jesu Tod und Verherrlichung ist …

Die Exegese entscheidet sich für den dritten Weg, weil die Perikope als Einheit gesehen wird, in der die Tempelreinigung nur eine Vorbereitung des Gesprächs über die Zeichenforderung darstellt. Demgegenüber scheint mir exegetisch einleuchtender, daß beide Teile der Perikope ein eigenes Gewicht haben und gemeinsam das »Gegenbild« zum Epiphaniewunder in Kana (Johnnes 2,1–11) bilden und mit diesem Wunderbericht zusammen programmatisch das öffentliche Wirken Jesu eröffnen. Die Tempelreinigung wendet sich gegen die Vermarktung – die plausible Gründe für sich hat – und, nimmt man den Bericht aus Matthäus 21,12ff. ergänzend hinzu, so wird deutlich, wen die Vermarktung verdrängt und wem die Reinigung den Weg zum Gottesdienst öffnet: den Blinden, den Lahmen und den Kindern.

Im – bei Johannes relativ breit dargestellten – religiösen Betrieb, der von den Zahlungskräftigen bestimmt wird, schafft Jesus Raum für die Mühseligen und die Unmündigen, schafft damit Raum für den Gottesdienst, in dem Gott als Vater erfahrbar wird (der aus den synoptischen Berichten geläufige Gegenbegriff zu »Kaufhaus«, nämlich »Bethaus« ist durchaus eine passende Ergänzung). Dem entspricht die christologische Aussage des zweiten Teils der Perikope: Heil ist nicht ohne Gegnerschaft und Konflikt möglich, der Weg der Verherrlichung Jesu ist der Weg ans Kreuz, seine Leidensbereitschaft ist die Voraussetzung seiner Hinwendung zu den Leidenden, diese ist Voraussetzung seiner Erhöhung.

Für diese von der Exegese abweichende Zielsetzung sprechen auch homiletische Gesichtspunkte: Wenn auch an diesem Sommersonntag überwiegend Kirchentreue

und aus sozialen Gründen von der Kirchensteuer befreite BesucherInnen im Gottesdienst sein werden, wird ihnen das Thema »Kirche und Geld/Macht/Einfluß ...« vorgehalten, das derzeit weithin kritisch diskutiert wird. So nehmen z.B. die SammlerInnen deutlich wahr, wie dieser Kritikpunkt an Gewicht und Offenheit gewinnt. Die Frage, welche Rolle die Kirchen z.B. bei der Verwirklichung des Rechtsanspruchs auf einen Kindergartenplatz spielen, macht den Umgang der Kirche mit dem Geld zum Thema auch der kirchlich Distanzierten. Die Kirche – ökonomisch organisierte Vermarkterin des Christentums?
Dieser Themenkreis »Kirche – Geld – Macht« darf nicht umgangen werden, zumal der Vorgang der Tempelreinigung es geradezu provoziert, sich mit ihm auseinanderzusetzen. Freilich hat sich unter säkularen Bedingungen das Problem verschoben. Heute besteht hierzulande nicht mehr nur die Gefahr, daß der »Tempel« zum Kaufhaus wird, sondern mehr noch die Gefahr, daß das Kaufhaus zum Tempel wird, Konsum zur Religion, zum Konsumismus wird, daß also Konsum dem Leben Sinn, Halt, Ziel geben soll. Kritik an der Vermarktung von Menschen, Beziehungen und Religion kann sich deshalb nicht auf Kirchenkritik beschränken. Freilich ist im allgemeinen Konsumismus Kirche erst recht gefragt, ob sie sich anpaßt, oder ob in ihr etwas lebendig bleibt vom Eifer Jesu, als Kraft immer neuer Reformation der Kirche und ob in ihr der Auferstandene als der leidensbereite Gekreuzigte erkannt und bekannt wird.

Vorschläge zur Liturgie

Eingangsvotum
Matthäus 6,24: »Niemand kann zwei Herren dienen ...«

Elemente eines Eingangs-/Kollektengebets:
Jesus, traust du uns wirklich zu,
daß wir dir dem Liebenden folgen
und nicht dem Mammon?
Traust du uns wirklich zu,
daß wir frei sein können von Sorgen und Raffen,
frei zum Lieben und Vertrauen?
Traust du uns wirklich zu,
das Licht derer zu sein, die im Dunkel sind
und die, die zwischen denen, die vom Konsum geblendet sind,
deinen Weg erkennen und gehen können?

Jesus, du weißt wie schwach wir sind, wie unentschieden.
Wir können dir nicht folgen, wenn du nicht zu uns kommst.
Wir können dir nicht dienen, wenn du nicht uns dienst.
So komm in diesem Gottesdienst
zu uns.
Wir wollen glauben, hilf unserem Unglauben.

Elemente eines Fürbittengebets
Dich, der du die Türen des Gotteshauses geöffnet hast
für die Kleinen und die Schwachen,
dich bitten wir für alle, denen wir den Weg zu dir versperren
mit unserem Geld, unserer Sprache, unseren Spielregeln.
Dich bitten wir für die, die draußen vor der Tür bleiben,
weil sie meinen zu schwach, zu arm, zu schlecht, zu ungebildet zu sein.

Dich, der du Gott als Vater aller Menschen erfahren läßt,
dich bitten wir für diejenigen, die meinen,
sie seien ferne vom Gott, der die Glücklichen liebt,
für die, die nur ein blindes Schicksal kennen,
die in Furcht leben vor einem strafenden Gott.

Dich, der du den Weg an's Kreuz gegangen bist,
dich bitten wir für deine Kirche,
daß sie ihr Heil nicht sucht in Größe und Macht,
sondern im Dienst.

Dich, der du auferstanden bist,
dich bitten wir für alle, die im toten Mammon den Sinn ihres Lebens sehen,
die ihre Hoffnung setzen auf Größe und Macht.

Schriftlesung
Zur Vermeidung eines unangebrachten Gegensatzes Jesus gegen »die Juden« empfiehlt sich auf jeden Fall die Lesung eines alttestamentlichen Textes:
2. Mose 32 (in Auswahl), 5. Mose 8,11–18, Jeremia 7 (in Auswahl).
Als neutestamentliche Texte kommen in Frage:
Matthäus 4,1–11; Matthäus 6,19–24; Acta 2,42–47; 1. Korinther 1,18ff., bes. 27ff.

Lieder
EKG 53; 129; 219,1+4+5+7; 263; 346,1+3+6
Komm in unsre stolze Welt, Herr, mit deiner Liebe Werben
Kommt Gott als Mensch in Dorf und Stadt, hat er nicht viel zu lachen
(Beide u.a. in: Singe, Christenheit, Beiheft zum EKG für die EKHN und EKKW, 764/765 bzw. 766)

Vorschläge für die Predigt

Möglicher Anfang
Neidisch könnte unsereiner werden auf den florierenden Betrieb, der da im Tempel herrschte! Da kamen Menschen aus aller Herren Länder. Alle konnten ihr Geld an Ort und Stelle eintauschen gegen die im Tempel übliche

Währung – aber, was machten denn die, die voll Angst und Sorgen kamen, doch ohne Geld? Und da waren auch für jeden Geldbeutel die entsprechenden Opfergaben zu haben, schön sortiert von der Taube bis zum Rind, alles bestens organisiert – aber, was gab es für die, die ohne Geldbeutel kamen? Es herrschte ein munteres Kommen und Gehen, Sehen und Sichsehen-lassen – aber was machten die Unscheinbaren, die, die gezeichnet waren von Krankheit und Leid? Nun, sie blieben draußen vor der Tür, die Armen und Kranken, die Zahlungsunfähigen und die Kinder, die Mühseligen und Beladenen. So störten sie das Bild nicht. Und niemand störte sich daran, denn es war im Tempel wie sonst eben auch.
Aber einer störte dieses neiderregende Bild eines florierenden religiösen Unternehmens. Einer begeht Hausfriedensbruch und Sachbeschädigung an heiliger Stelle. Einer macht einen Skandal, um aufzudecken, daß die religiöse Normalität zum Skandal geworden war. Einer kam und stellte mit einer handgreiflichen symbolischen Aktion in Frage, daß auch im Tempel das Gesetz des Marktes herrschen soll, die Reichen also oben, die Tüchtigen also vorne sein sollen und die, die nicht mitkommen, draußen vor der Tür bleiben. Es ist eine rührend hilflose, dann aber doch Aufmerksamkeit erzwingende Geste, daß da einer gegen den ganzen perfekt organisierten Betrieb mit nichts als einem Strick antritt – mit nichts als einem Strick und seinem Glauben. Da stürzen ein paar Tische um, ein paar Tiere flattern umher – mit so etwas wird der Ordnungsdienst und die römische Besatzung, die das alles aus einem Wachtturm von oben herunter beobachtet, leicht fertig. Aber Jesus stürzt mehr um: das ganze System des zum Marktgeschehen gewordenen religiösen Betriebs. Und deshalb wird auch mehr daraus als eine kleine Ruhestörung, nämlich ein Streit um den Sinn des Tempels und um Leben und Tod dessen, der geschäftsschädigende Glaubensinteressen vertritt.

Zum weiteren Verlauf
Worum es im Streit um den Sinn des Tempels zwischen den Vermarktern und Jesus geht, will ich an drei Punkten verdeutlichen:
– Gilt das Gesetz des Marktes oder die Regeln eines Vaterhauses: bestimmen Kauf- und Leistungskraft die Regeln oder väterliche Güte und Liebe?
– Wo sind die Schwachen und Kleinen: haben die Blinden, die Lahmen, die Kinder ihren Platz draußen oder in der Mitte?
– Was bestimmt das Denken und Fühlen: der Markt, also die Angst – oder das Beten, also Vertrauen?
Von diesen drei Aspekten her möchte ich dann je nach aktuellem Diskussionsstand heutige Anfragen an unseren Gemeindebetrieb aufgreifen.
Von der Frage der quantitativen Bestandssicherung (Austritte, Gottesdienstbesuch, Finanzen usw.) will ich den Blick zu öffnen versuchen für die durch Jesu Aktion aufgeworfenen inhaltlichen Fragen.

Also nicht nur: Wie viele gehen?, sondern: Aus welchen Gründen gehen die, die gehen? Steckt in ihrem Weggang und Wegbleiben vielleicht begründete Kritik, vielleicht geißeln sie auf diese Weise Kirche heute? Von dieser Geschichte her gesehen ist nicht schlimm, daß Menschen weggehen, wohl aber, wenn die weggehen, die ein Vaterhaus und Bethaus suchen, ein Haus, in dem auch die Schwachen Zuhause sind.
Es war einst ungeheuer schwierig, gegen den Strom zu schwimmen. Die für den Tempel Verantwortlichen hatten gute Gründe für ihre erfolgreiche Vermarktungsstrategie. Wahrscheinlich haben sie von Jesus gesagt, daß das alles nicht so einfach sei, wie er es sich, eine Geißel schwingend, vorstellt.
Es ist heute ungeheuer schwierig, als Gemeinde offen zu sein für die Menschen, als Organisation zu bestehen und doch gegen den Strom des Zeitgeistes zu schwimmen, der Konsumismus will, auch eine attraktive, konsumierbare Religion. Beliebt sind bei uns z.B. Altkleidersammlungen für Bethel. Da wird man den ganzen Plunder schnell los, der sich aufhäuft, weil die Moden viel schneller wechseln als der Verschleiß. Sammeln wir in der Gemeinde Geld für Behinderte, bekommen wir nicht einen Bruchteil des Geldes, das in den weggegebenen Kleindern steckt!
Wer zur Quelle will, muß gegen den Strom schwimmen – aber, wer gegen den Strom schwimmen will, braucht acht Arme – dieser Kommentar zu dem alten Sprichwort ist auch wahr.
Mit dieser Frage möchte ich nach dem zweiten, christologischen Teil des Textes fragen. Jesus weiß, was den anderen rätselhaft bleibt: daß sein Angriff der Beginn eines Leidensweges ist. Johannes stellt diese Geschichte an den Anfang des Berichtes über Jesu Wirken, weil so von Anfang an deutlich wird, daß Jesu Weg ein Weg in den Konflikt um den Glauben und damit auch ein Weg in's Leiden und an's Kreuz ist, gerade so aber der von Gott durch die Auferstehung bestätigte Weg ist.

Möglicher Schluß

Wahrscheinlich sind wir an diesem Sommersonntag in der Ferienzeit als Gottesdienstgemeinde ein Ausschnitt aus dem »Ensemble der Opfer« – auf unsere Weise wohl doch Blinde und Lahme und danach im Kindergottesdienst ein paar Kinder, die nicht in Urlaub fahren ...
Ich möchte diese Gottesdienstgemeinde mit dem Bezug auf die Tempelreinigung aufrichten, getröstet und ermutigt nach Haus entlassen: Wenn wir Gottes väterliche Güte in Anspruch nehmen und zu ihm vertrauensvoll reden, so sind wir unter dem Gesichtspunkt der Statistik und anderer Marktaspekte sicher eine verkümmernde Organisation, gerade so aber auch die Gemeinde des auferstandenen Gekreuzigten.

Eine Alternative

Der Bericht von der Tempelreinigung in seiner Verbindung zur Passion hat Parallelen in der Legende vom Großinquisitor (das 5. Kapitel in Dostojewskijs »Die Brüder Karamasoff«). Dieser in ihrer inhaltlichen und sprachlichen Dichte noch immer überwältigenden Geschichte könnte eine Predigt zu Johannes 2,13ff. nacherzählend und übersetzend folgen. Die Legende kontrastiert ja die ihre Macht auf Wunder, Geheimnis und Autorität aufbauende Kirche mit der Versuchungsgeschichte Jesu. Matthäus 4,1ff. wäre sinnvollerweise als Schriftlesung zu wählen. Jesu Kritik am religiösen Betrieb äußert sich in der Legende nicht in handgreiflichem Eifer, aber in seinem glaubwürdigen Handeln und Schweigen nicht weniger eindeutig.

Kontexte

Trefflich sorgt
hierorts die Kirche
für einige Nebenbedürfnisse
des Mittelstandes.

Gefragt sind:
ein Hauch heiler Welt
mit Dias und Filmen
bei Kuchen und Tee.

Ist dafür
einer
einst aufgehängt
worden?

(Kurt Marti)

Ihr habt Jesus vermarktet

Wie Jesus, der Kritiker der Vermarktung des Tempelkultes, nun seinerseits vermarktet wird und sich doch dieser Vermarktung entzieht, formuliert Manfred Fischer in einer Meditation zu Acta 2,22b.23b.36 so:

»Jesus von Nazareth, den Gott unter euch
als den wahren Menschen erwiesen hat,
den habt ihr zerredet und zum Thema
intellektueller Großtuerei gemacht,
habt ihn in euer Schema gepreßt
und zur Begründung eurer Intoleranz,
eurer Abgrenzungen
und damit eures Hasses herangezogen.
Ihr habt ihn zur Auflage, zur Forderung,
zum Spruchbuch, zum Lehrplan,
zum Kompendium von langweiligen Sätzen gemacht.
Ihr habt ihn verkitscht zum Schlafzimmerbild
und habt ihn unerträglich süßlich gemacht.
Ihr habt ihn vermarktet,
habt ihn degradiert zur Autoplakette
und zum Abziehbild auf euren Hemden.
Ihr habt ihn groß herausgebracht

als Superstar und Kassenschlager,
der alle Filmsterne aussticht.
Ihr habt ihn hochstilisiert
zur edlen Persönlichkeit, die Respekt verdient,
euch sonst aber kalt läßt
und reichlich überflüssig ist.

So wisset nun gewiß,
daß Gott diesem Jesus von Nazareth
eine Macht gegeben hat,
die sich eurem Zugriff entzieht.
Gott hat ihm die Macht seiner unbeirrbaren Liebe gegeben,
mit der er Menschen gewinnt,
daß sie zuversichtlich glauben, rückhaltlos vertrauen,
beharrlich fragen, demütig erkennen
und sich selbstlos einsetzen.
Er hat diesen Jesus zum Erlöser gemacht,
der euch zurückführt zu Gott,
dem Ursprung und Ziel eures Lebens.«
(M. Fischer, Einmischung in innere Angelegenheiten, Quell Verlag, Stuttgart 2/1981)

Daß Vermarktung nicht persönliches Versagen ist, sondern »Systemzwang«, aus dem guter Wille allein nicht befreit, verdeutlicht etwa das folgende Zitat des Religionssoziologen Peter Berger:
»Religionen, die früher herrschten, (müssen) heute ›verkauft‹ werden, und zwar an einen Kundenkreis, der zu ›kaufen‹ nicht genötigt ist. Die pluralistische Situation ist in erster Linie eine Marktlage. Die religiösen Institutionen sind ›Werbeagenturen‹ und die Religion ist zum ›Gebrauchsgut‹ geworden. Die Logik der Marktwirtschaft beherrscht auf diese Weise weite Bereiche des religiösen Handelns.«
(Zur Dialektik von Religion und Gesellschaft. © 1967 Peter L. Berger. Für die dtsche. Übers. von Monika Plessner © S. Fischer Verlag GmbH, Frankfurt/M.)

11. Sonntag nach Trinitatis

Predigttext: Matthäus 21,28–32

Joachim Funk

Theologisch-homiletische Skizze

1. »Was haltet ihr davon«, fragt Jesus. Er trägt seinen Hörern einen Fall vor und läßt sie urteilen, damit sie über sich selbst richten. Doch bei aller Schärfe, die ihrem Lavieren und ihrer Unentschiedenheit (Matthäus 21,23–27) gilt, will er doch nicht verurteilen, sondern lädt ein zur Umkehr. Matthäus erneuert die Einladung (vgl. die Exegese in Band III/4). Er berichtet von Hohen Priestern und Ältesten, blickt dabei jedoch auf Christen, die zwar »Herr, Herr« sagen, aber nicht den Willen des Vaters tun (Matthäus 7,21–23). Obwohl ein Fall vorgetragen wird, fordert das Gleichnis nicht auf, über andere zu richten (Hohe Priester, Scheinchristen oder wen auch immer), sondern auf sich selbst zu blicken und selbst Ja zu sagen und Ja zu tun, umzukehren, zu glauben.

Menschen fordern zwar gern andere zur Umkehr auf, beherzigen es selbst aber nur widerwillig: »Bei mir ist das ja ganz anders.« Um diesen Widerstand zu umgehen, bedient sich Jesus (wie Nathan bei David, alttestamentliche Lesung 2. Samuel 12) der Verfremdung. Er fordert auf, über andere zu urteilen, um zur Einsicht über sich selbst zu kommen.

2. In ihrem »Enneagramm« weisen Richard Rohr und Andreas Ebert den Menschentypen charakteristische »Fallen« zu, die es jeweils erschweren, der Einladung Gottes zu folgen. Was im Gleichnis den Jasager abhält, dem Vater zu gehorchen, bleibt offen; vielleicht ist es Trägheit, die Falle des Typs Neun. Jesu Gegner sitzen wohl in der Falle des Typs Sechs, der Feigheit; sie suchen Autorität und Sicherheit, wagen nicht, sich auf den Täufer oder Jesus einzulassen (vgl. Matthäus 21,23–27). Andere mag kränken, daß Jesus ihnen Huren und Zöllner vorzieht; Verantwortungsträger gehören häufig zum Typ Eins, deren Falle Empfindlichkeit ist.

Menschen sind verschieden geprägt; vielfältig sind auch die Lebenssituationen, in denen sie stehen: im Glück oder im Leid, am Lebensmittag oder -abend, in Armut oder Reichtum. Allen gilt gleichermaßen die Einladung Gottes, die sie mit Wort und Tat und Leben bejahen sollen. Die Schritte, womit sie das Ja vollziehen, sind so mannigfaltig wie das Leben selbst. Ich möchte in der Predigt Einladung und Schritt für unterschiedliche Menschen bedenken und damit die Hörer locken, beides für sich zu bedenken.

3. Besser als eine – unvermeidlich schematisierende – Typologie wie das Enneagramm kann ein Bild helfen, vielfältige Lebenssituationen zu entfalten und wieder zu bündeln: Rembrandts Radierung »Die Große Krankenheilung« (Hundert-Gulden-Blatt). Es zeigt den einladenden Jesus umgeben von Menschen, die auf seinen Ruf antworten, indem sie kommen, sich abwenden, nachdenken, zögern, diskutieren, anbeten – viele Weisen, Ja oder Nein zu sagen. Ähnlich wie die Verfremdungsgeschichten, die Jesus und Nathan erzählen, ermöglicht das Bild, sich in der einen oder anderen Gestalt wiederzuerkennen.

Das Blatt kann als Kopie verteilt oder als Over-head-Folie gezeigt werden (Bezug z.B. bei: Katechetisches Amt, Postfach 1143, 8807 Heilsbronn). Wer von den Personen ausführlicher erzählt und sich dafür auf drei beschränkt, mag auch auf die Unterstützung durch das Bild verzichten.

Vorschläge zur Liturgie

Lieder
»Such, wer da will ein ander Ziel (EKG 249), »Von Gott will ich nicht lassen« (EKG 283), »Morgenglanz der Ewigkeit« (EKG 349), »Jesu meine Freude« (EKG 293), »Laß uns in deinem Namen, Herr, die nötigen Schritte tun« (Liederheft für die Gemeinde, München 1982, 725)

Lesungen
Alttestamentliche Lesung nach der Perikopenordnung ist die Nathanparabel, 2. Samuel 12,1–15. Sie gebraucht die Gleichnisform ähnlich wie der Predigttext; beide Perikopen ergänzen und erhellen einander. Wo neben dem Predigttext noch eine zweite Evangelienlesung üblich ist, mag man statt des vorgesehenen Lukas 18 eine der Geschichten wählen, auf die in der Predigt angespielt wird: die Berufung des Levi (Markus 2,13–17) oder die Kindersegnung (Markus 10,13–16).

Confiteor
Unsre Hilfe steht im Namen des Herrn ...
Wir bringen in diesen Gottesdienst mit, was wir in den letzten Tagen erlebt haben. Wir danken Gott für alles, was uns froh gemacht hat. Wir sagen ihm, was uns bekümmert. Wir denken schließlich daran, wo wir in unserem Leben etwas ändern wollen. Umkehr ist nötig in vielen Dingen: im privaten Leben, im Leben unseres Volkes, im Leben der Menschheit. Darum laßt uns umkehren und sprechen: Gott sei uns Sündern gnädig.
Alle: Der allmächtige Gott erbarme sich unser ...
»Kehrt um und ihr werdet leben«, verspricht uns Gott. Jederzeit dürfen wir umkehren zu ihm, unserem Vater. Wie ein frischer Morgen den Anfang setzt für den neuen Tag, so läßt Gott uns neu beginnen. Er vergibt alte Schuld. Er öffnet den Weg zum Leben. Er stärkt die müden Knie, daß wir Schritte gehen können nach seinem Willen.

Fürbitten als Ektenie
Lektor: Jesus Christus lädt uns ein, zu Gott zu kommen. Darum laßt uns ihn bitten:
– für die Christen, die Ja gesagt haben zu dieser Einladung, daß sie auch nach Gottes Willen leben und handeln. *Alle:* Herr, erbarme dich.
– für alle Menschen, die sich auf ihrem Lebensweg verrannt haben, daß sie Mut finden umzukehren. *Alle:* Herr, erbarme dich.
– für diejenigen, die schuldig geworden sind an anderen, daß sie Scham und Stolz überwinden und um Vergebung bitten. *Alle:* Herr, erbarme dich.
– für alle, denen Unrecht getan wurde, daß sie sich nicht im Groll vergraben, sondern es über sich bringen zu vergeben. *Alle:* Herr, erbarme dich.

– für die Menschen, die tätige Liebe üben und damit Ja sagen zu ihrem Nächsten, daß Gott ihr Tun segne. *Alle:* Herr, erbarme dich.
– für diejenigen, die zu einer Aufgabe Ja gesagt haben und nun manchmal vor dem vielen, was zu tun ist, verzagen möchten, daß Gott ihnen langen Atem und frischen Mut gebe. *Alle:* Herr, erbarme dich.
– für die Notleidenden in aller Welt um spürbare Hilfe und um Hoffnung, die sie nicht aufgeben läßt *Alle:* Herr, erbarme dich.
Liturg: Jesus Christus, unser Bruder und unser Herr! Dein Ja zu uns greift tiefer als alles, was uns bedrückt. Wir bitten dich: Nimm uns die Angst vor neuen und ungewohnten Wegen. Erfülle uns mit deinem Geist, damit wir auf dich mehr vertrauen als auf Besorgnis und Vorsicht der Menschen.

Vorschläge zur Predigt

Möglicher Predigtanfang
Wer von den beiden Söhnen hat den Willen des Vaters getan? Natürlich der letzte; er sagt zwar Nein, aber er geht dann doch zur Arbeit in den Weinberg. Die Geschichte ist klar, jedes Kind weiß die Lösung.
Doch Sie haben längst gemerkt: Es geht gar nicht um Söhne und ihren Vater. Jesus meint seine Hörer. »Ihr habt Ja gesagt zu Gott«, erinnert er sie. »Dann habt ihr Johannes den Täufer gehört und glaubt ihm dennoch nicht. Ihr verfehlt Gottes Willen. Zöllner und Huren haben Johannes geglaubt. Sie sind wie der Sohn, der zwar zunächst Nein sagt, aber dann doch den Willen des Vaters tut.«
Jesus meint uns. Es ist ja einfach, auf Zuhörer damals zu blicken und zu überlegen, ob sie nun Ja sagen und Nein tun oder umgekehrt. Doch das lenkt nur ab. Wir sind die Söhne; wir sagen Ja oder Nein, tun Ja oder Nein. Dann freilich ist die Geschichte nicht mehr so eindeutig. Bei den Söhnen ist klar: Sie gehen in den Weinberg oder nicht; damit erfüllen oder verfehlen sie den Willen des Vaters. Doch wo ist mein Weinberg? Wo in meinem Leben sage ich, tue ich Ja oder Nein? Und wenn es dabei um Gott geht – und das tut es allemal –, dann muß es ja ein ganzes Ja, mit Herz und Mund und Hand, sein. Darüber möchte ich mit Ihnen nachdenken. Anregung und Hilfe ist mir ein Bild von Rembrandt. Man nennt die Radierung das »Hundert-Gulden-Blatt«.

Zum weiteren Verlauf
Erste Orientierung auf dem Bild: In der Mitte steht Jesus, breitet die Arme aus: »Kommt her zu mir alle, die ihr mühselig und beladen seid; ich will euch erquicken.« Um ihn herum Menschen: Kranke kommen herbei, Mütter bringen ihre Kinder. Manche diskutieren oder sinnen nach; andere schauen gläubig zu Christus auf. Sie alle hören die Gottes-Einladung und beziehen jetzt Stellung, sagen auf die eine oder andere Weise Ja oder Nein

oder Vielleicht. Ich erkenne mich und andere in diesen Personen wieder, möchte darum bei einzelnen etwas verweilen.

1. Die Kranken rechts. Sie kommen und bitten um Heilung, für sich oder andere. Wie oft haben sie schon »Ja« gehört: »Nur Mut, es wird schon wieder!« Das klingt nur wie Ja, ist aber Nein; der andere kann so leichter der eigenen Betroffenheit entfliehen. Wie oft haben die Kranken selber Ja zu sich gesagt, haben Hoffnung geschöpft und wurden enttäuscht. Eigentlich könnten sie aufgeben. Doch sie kommen, wagen es gegen allen Zweifel und gegen die Angst, wieder enttäuscht zu werden. Der blinde Greis sagt Ja, der sich am Stock vorantastet, kommt und hofft. Die Frau sagt Ja, die ihn führt und stützt. ... Alle »Ja« und »Nein«, die bisher waren, sind unwichtig. Jetzt sind sie aufgebrochen und tun damit den Willen des Vaters. Sie vertrauen. Am Ende wird Jesus zu ihnen sagen: »Dein Glaube hat dir geholfen.«

2. Der reich Gekleidete mit dem Stock (links vorn) könnte ein Zöllner sein. Er zögert, blickt sich fragend um. Soll er sich einlassen? Manchmal wünscht er sich, das Leben könnte anders sei, er müßte nicht tricksen, betrügen, erpressen. Er müßte den Haß nicht ertragen und brauchte selbst nicht zu hassen. Alte Schuld würde nicht mehr Beziehungen vergiften. Er könnte Irrwege verlassen, neu anfangen mit den Menschen und mit Gott. Meist wischt er solche Gedanken schnell weg: Es ist doch alles gar nicht so schlimm. Jeder muß eben schauen, wie er zu etwas kommt.

Jetzt ruft dieser Jesus die Zweifel wieder wach. Der Zöllner zögert. Für Menschen wie ihn spricht Jesus von dem Sohn, der zunächst Nein sagt. Aber Gott nagelt niemand auf ein Nein fest. Das tun höchstens deine Prinzipien, dein Stolz oder deine Trägheit. Darum geh den Schritt. Höre auf, dich selbst zu betrügen. Gesteh dir ein, was verfehlt ist. Resigniere nicht, sondern kehre um und fang neu an.

3. Auch die Schriftgelehrten zögern, diskutieren. Sie haben zwar Ja gesagt zu Gott, aber dieser Jesus paßt nicht in ihr Weltbild; sie blicken nicht durch bei ihm. Er könnte ja tatsächlich von Gott kommen. Doch dann wäre so vieles falsch, worauf sie sich bisher verließen. Jesus stellt sie Huren und Zöllnern gleich, sagt sogar, die hätten mehr von Gott verstanden als sie. Er darf nicht recht haben. Sie müßten ihren Stolz aufgeben und ihre Sicherheit, ihr Weltbild umstoßen. So wagen sie keine Entscheidung und tun lieber gar nichts.

4. Petrus. Er hat Ja gesagt und danach gehandelt. Er hat Netze und Familie verlassen, ist Jesus nachgefolgt. Zur Nachfolge gehört auch, daß er immer wieder den Willen Christi verfehlt. Hier weist er Mütter zurück, die ihre Kinder bringen, ist erstaunt, daß Jesus sie segnet. Doch Petrus ist lernfähig. Anders als die Schriftgelehrten hat er keine Angst vor Irrtümern. Nur so begegnet man Neuem. So läßt Petrus sich ein auf die Überraschungen, die ihm sein Meister bereitet, wächst und reift darüber.

Haben Sie sich wiedergefunden bei der einen oder anderen Person? Mein genaues Spiegelbild entdecke ich zwar bei keiner Gestalt, aber Einzelzüge wohl. Ich erkenne bei den Kranken die Versuchung wieder zu resignieren; ihr Mut, es trotzdem zu wagen, steckt an. Ich kann den Zöllner oder die Schriftgelehrten verstehen, wenn sie zögern. Auch ich überlege oft zu lang, suche nach Sicherheit. Sie und mich fordert Jesus auf: Sei konsequent, sag nicht nur Ja, sondern geh auch den Schritt, den du erkannt hast und der jetzt dran ist. Wie Petrus sehe ich mich auf dem Weg der Nachfolge, berührt von der Botschaft Christi, manches verstehend und oft auch irrend.
So vielfältig, wie das Leben ist, so vielfältig sind auch Ja und Nein der Menschen. Darum könnten Sie die Reihe leicht aus eigener Erfahrung fortsetzen. Etwa: Da redet einer vom Umweltschutz, fordert viel – und tut doch selber nichts, weil es ihn etwas kosten würde. Solcher Widerspruch braucht gar nicht leichtfertig zu sein. Mancher kann z.B. bei anderen Hoffnung wecken und ringt doch selbst mit der Schwermut ... Jeder hat seinen besonderen Punkt, wo er es schwer hat, nach einem ausgesprochenen Ja auch zu handeln. Solche Punkte mögen sich auch im Lauf eines Lebens ändern. Doch wichtiger als die Hindernisse ist: Vor jedem liegt sein besonderer Schritt, zu dem ihn Jesus aufruft und der zur Fülle des Lebens führt.

Möglicher Schluß
Von zwei Söhnen erzählt Jesus. Einer sagt Ja, der andere Nein; beide überlegen es sich und handeln anders, als sie zunächst sagten. Es gibt noch einen dritten Sohn. Er sagt Ja und handelt danach. Es ist Jesus Christus selbst. Er sagt uns Menschen Gottes Liebe an. Er handelt danach. Er vertritt Gottes großes, warmes Ja an uns mit Worten, Taten, mit seinem Leben. Er tut, was er verspricht, und beides ist: Ja.
So eindeutig wie Christus bin ich nicht. Ich spreche viele Ja und viele Nein. Solange ich lebe, werde ich an immer neue Stellen kommen, wo es gilt, Ja zu sagen. Immer wieder auch werde ich zwar Ja sagen, aber doch nicht danach tun. Das schmerzt – manchmal sehr –, andere und mich, aber es macht mich nicht bange. Denn mein Ja und auch mein Nein, mein Vollbringen und auch mein Versagen, sind umfangen vom großen Ja Gottes, das er zu uns spricht in Jesus Christus.

Kontexte

Als Jesus die Menschen zur Buße gerufen hat, tat er das mit den Worten: »Das Reich Gottes ist da! Kehrt um und glaubt an die gute Botschaft!« (Markus 1,15). Das griechische Wort metanoeîte, das an dieser Stelle im Urtext des Neuen Testaments steht, bedeutet wörtlich: »Ändert euren Sinn, denkt um!« Jesus lädt die Menschen ein, sich selbst, die Welt und Gott völlig neu und anders zu sehen, als sie es bisher gewohnt waren, er ruft sie auf, aus ihren bisherigen Denkgewohnheiten auszubrechen und »Neues Denken« zu wagen, was der guten Botschaft Rechnung trägt, daß Gottes Reich der Liebe nah ist.

Das Enneagramm benennt die neun Fallen oder Sackgassen des Denkens. Gleichzeitig ergeht an jeden Typ eine spezifische Einladung oder Berufung zur Umkehr. ... Der Begriff »Einladung« ... betont ..., daß wir den Ruf zur Freiheit primär als ein Angebot Gottes verstehen und nicht als unser eigenes Werk.
(Richard Rohr, Andreas Ebert: Das Enneagramm. Die 9 Gesichter der Seele, Claudius Verlag München, 17. Aufl. 1992)

Ja sagen und Ja einhalten: Das Märchen vom Froschkönig erzählt von der Königstochter, die zwischen Ja und Nein schwankt, ihren Weg sucht, lernt, zu sich selber zu stehen, und so schließlich den Prinzen – und sich selbst – erlöst.
(Kinder- und Hausmärchen, gesammelt durch die Brüder Grimm)

Paralipomena

oder was ich auch noch gern gesagt hätte

Es reizt mich, gezielt einzelne Besucher des Gottesdienstes anzusprechen und nachzudenken, zu welchem Ja Christus sie vielleicht aufruft.

Wer heute vielleicht zuhört

Eine Konfirmandin überlegt, ob sie zur Konfirmationsfrage Ja sagen soll. Einerseits ist sie berührt von Person und Botschaft Jesu. Verlangt aber ein Ja nicht mehr, als daß man nur beeindruckt ist? Die Erwachsenen jedenfalls sind ihr zu unentschieden. Kürzlich hat sie sich lautstark darüber geärgert, daß die Eltern sie zum Gottesdienst schicken, aber selbst fast nie hingehen.
Ihr Vater hat dazu gemeint, er halte mehr vom Tatchristentum. Man könne auch ein anständiger Mensch sein, ohne jeden Sonntag den Gottesdienst zu besuchen. Es gebe da auch manchen Heuchler. Allerdings mußte er im Stillen dem Vorwurf der Tochter recht geben und ist diesmal mitgekommen, skeptisch und neugierig.

Ein Dreißigjähriger steht einer evangelikalen Gruppe nahe. Er hat bewußt Ja gesagt, kann sogar Tag und Stunde dafür nennen. Dieses Ja möchte er mit dem ganzen Leben ausfüllen. Er leidet darunter, daß andere sich nicht so engagieren und offenbar den Glauben nicht so ernst nehmen wie er. Zu dem Sohn, der zwar Ja sagt, aber nicht hingeht, sind ihm manche Bekannte eingefallen.

Eine Achtzigjährige wurde von einem tiefen Glauben durch Höhen und Tiefen des Lebens begleitet und oft auch getragen. Sie schöpfte Kraft aus diesem Ja. Jetzt wird ihr das Alter immer mehr zur Plage. Fröhlichkeit und Zuversicht verlassen sie immer häufiger. Sie fragt sich deshalb bisweilen, ob ihr Ja nicht ein großes Mißverständnis war, ob sie nicht vielleicht zum falschen Weinberg gegangen ist und dort ein Leben lang umsonst gearbeitet hat.

12. Sonntag nach Trinitatis

Predigttext: Jesaja 29,17–24

Karl-Behrnd Hasselmann

Homiletische Vorbemerkungen

Es liegt nahe, eine Predigt zu konzipieren, die noch einmal veranschaulicht, was die Ökumenischen Programme zu »Gerechtigkeit, Frieden und Bewahrung der Schöpfung« seit Jahren verlautbaren. Ich habe solche Predigten genug gehalten. Mir fiel auf, daß die Überlebensfrage als Grund dieser Predigten auch bei mir überhand nahm. Ich bin dankbar, daß unser Text mich davon befreit. Sein Anliegen ist die »Heiligung des Namens Gottes«. Sie als Legitimation der Vision der Welt als Gottes Garten zu nehmen ist befreiend, auch wenn die christliche Gemeinde die Anbindung an den Namen Jesu und an die Taufe nicht unterschlagen darf. Mein Vorschlag ist, den Text am Anfang nachzuerzählen, damit dieser heimliche Grund des Leidens daran, daß der Name Gottes in dieser Welt verunehrt wird, Leben gewinnt. Erst danach kann dann knapp oder beliebig erweitert der aktuelle Horizont angedacht werden, ehe der Schluß die Verantwortung der christichen Gemeinde und ihren Grund, diesen Text heute auszulegen und zu leben, deutlich macht. Übersetzung nach »Der Prophet Jesaja«, Kapitel 13–39 von Otto Kaiser, ATD 18, Göttingen 1973, Seite 220ff.

Zur Liturgie

Gebet nach der Predigt

Du, Herr der Welt,
wir nennen Dich den Vater.
Das ist Dein Name.
Und doch reden wir über Dich
ohne Liebe und Ehrfurcht
tausendmal.
Und es liegt doch in Deinem Namen
das Kostbarste, das unseren Händen anvertraut ist.
Der Sinn unseres Glücks
und aller unserer Mühen.
Bewahre Du Deinen Namen
vor unserer Gedankenlosigkeit.
Bewahre uns vor unserem Mißtrauen
und unserer Gleichgültigkeit.
Denn wir wissen zwar, daß Du da bist,
daß Du so nahe bist
wie die Menschen und die Dinge um uns her.

Aber wir leben doch, als wüßten wir es nicht.
Wir leben viele Tage, als sei Dein Name
nichts weiter als ein Wort.
Die Luft ist spürbarer als Du.
Die Farben der Dinge sind sichtbarer.
Die lauten Töne unserer eigenen Worte sind hörbarer.
Schütze Du selbst Deinen Namen, wir können es nicht allein.
Wenn ich von Dir spreche,
dann hilf mir, daß ich einen Menschen dabei tröste,
daß ich ihn stiller mache mit Deinem Namen,
daß ich ihm Geduld gebe,
daß ich ihn segne mit Deinem Namen
und ihn schütze, Du Vater im Himmel.
Denn Dein Name ist das Haus,
in dem wir leben.
Hilf uns, dieses Haus zu bauen für andere Menschen.
Dein Name, Vater, ist in Gefahr.
Denn auch wir Menschen sind Väter und Mütter,
und die Kinder, die Du uns gegeben hast,
sehen an uns, was ein Vater ist
oder das Haus eines Vaters.
Wenn wir ein Haus schaffen für unsere Kinder,
wenn wir sie schützen und nähren,
mit ihnen reden und fröhlich sind,
sie zurechtweisen und führen,
zeigen wir ihnen, wer Du bist
und was Dein Name bedeutet,
Vater im Himmel.
Hilf uns, daß nicht unser Haus das Vertrauen zerstört,
das unsere Kinder Dir entgegenbringen.
Daß nicht unsere Härte Deine Güte verleugnet,
daß nicht unsere Schwäche den Glauben zerstört
an Deine Verläßlichkeit.
Hilf uns, Deinen Namen heiligen,
Deinen Namen, Vater im Himmel, lieben
und so Dich ehren auf dieser Erde.
(Jörg Zink)

Predigtentwurf

Liebe Gemeinde,
das ist die Vision, die unser Text so deutlich ausspricht und die uns heute noch anspricht:

Die Erde ist ein Garten. Nichts in ihm fehlt von dem, was wächst und blüht. Er ist kein Schlaraffenland. An ihm muß gearbeitet werden. Es braucht einen, der allem gerecht wird, was in ihm da ist an Pflanzen und Tieren. Es braucht einen, der sich Mühe gibt, aber sich auch auskennt; der Ehre einlegen will mit dem, was er sät und pflanzt: dessen guter Name damit verbunden ist, wie sich dieser Garten darstellt. Und so tut er alles, damit es wächst und reift, damit es fruchtbar ist und sich fortpflanzt in diesem Garten. Damit es Leben treibt und immer neu zur Blüte bringt. So sieht der Prophet diese Welt mit den Augen Gottes. Aber aus seinen Worten spricht Trauer und Verzweiflung. Er versteht nicht, wie es soweit kommen konnte, daß so vieles wüst und leer daliegt; so als würde das Chaos, das vor Anfang der Welt da war, wieder Platz greifen. Und dieses Chaos, diese Wüste wächst. Ist auf unglaubliche Weise lebendig. Es macht angst, ihrem Wachstum zuzuschauen. Niemand scheint ihm Einhalt gebieten zu können.

Was sind das für Kräfte, die da am Werke sind? Woher kommen sie? Wer gab ihnen die Legitimationen, so herrschen zu dürfen? Irgend etwas auf der Erde muß bewirkt haben, daß der, der ihr gerecht wurde und sich um sie soviel Mühe gab, sich zurückzog. Und so verkommt und verwildert die Erde. Und keiner kennt den Grund, so scheint es.

Unser Wort aus dem Jesaja-Buch ist deshalb so kostbar, liebe Gemeinde, weil es ein paar Menschen zeigt, die darunter leiden, daß der Garten Erde zugrunde geht. Sie nennen sich die Demütigen und Armen. Sie gehören offenbar zu denen, die keine Macht und keinen Einfluß haben auf die Geschicke des Landes. Sie leben eher im Hinter- und Untergrund und sehen zu, was geschieht. Und was sie sehen, macht ihnen Angst. Sie erkennen Zusammenhänge, die andere offenbar nicht wahrnehmen. Der größte Mangel, den sie erblicken, ist die Tatsache, daß niemand Willens und in der Lage ist, ein Gerechter zu sein auf dieser Welt und damit auch dieser Erde gerecht zu werden. Gerecht ist der, der weiß, wovon der andere lebt und der aus diesem Wissen heraus dieses Leben fördert. So kann er der Erde mit ihrer Fruchtbarkeit gerecht werden und es richtig machen mit ihrem Wachstum. So kann er den anderen Geschöpfen, den Tieren gerecht werden, indem er sie schützt und sie leben läßt, wie sie wollen und können. So kann er dem Mitmenschen gerecht werden, daß er ihm ermöglicht, sein Leben in Freude zu führen, ohne anderen zu schaden.

Gerecht ist der, der nicht am Boden kriecht, sondern aufrecht steht und es anderen ermöglicht, das gleiche zu tun; der richtig zu leben weiß und dieses dem anderen auch gönnt; der aufrichtig mit sich und anderen umgeht. Ein solcher Mensch ist nach dem Herzen Gottes. Er kann die Erde mit Pflanzen, Tieren und Mitmenschen wieder zum Blühen bringen, er hat das Mandat, das zu tun.

In ihm offenbart sich der, der die Erde wie einen Garten sieht und darauf wartet, daß die Menschen spüren: Wir zerstören alles, auch uns selbst,

wenn wir weiter zulassen, daß die Wüste wächst und der Garten verkommt und verwildert.
Diese Gerechten sieht die kleine Schar der Demütigen und Armen. Deshalb kann einer von ihnen den Prophetenspruch tun: »Wird es nicht nur noch eine kleine Weile, bis sich der Libanon in einen Garten verwandelt und der Karmel als Waldland gilt?«
Viel Zeit ist nicht mehr; es muß bald geschehen, daß Hilfe kommt. Der Zusammenhang der Erde mit allem was lebt, muß bald jedem einleuchten. Wer wüßte das nicht besser als wir? Gerechtigkeit, Friede und Bewahrung der Schöpfung sind ein uralter Zusammenhang, der uns heute ganz nahe kommt. Es ist wichtig, entscheidend wichtig für uns Christen, von diesem alten Wort zu lernen. Wenn man sich im Lande umhört, auf den Foren, Synoden und Versammlungen der Kirchen zu diesem Thema, dann ist der erste und wichtigste Anlaß, zusammenzukommen, die Angst, die Angst um das Überleben. Mit Recht, werden Sie sagen. Ja mit Recht. Aber diese Rede bleibt seltsam folgenlos, obwohl das Bewußtsein von der Gefahr wächst. Die Weltkonferenz von Rio hat das ganze Ausmaß von Harmlosigkeit und Zynismus gezeigt, in dem wir befangen sind. Dort wurde sichtbar, warum die Wüste wächst, warum Arten von Pflanzen und Tieren verschwinden und selbst der klimatische Kreislauf von Sommer und Winter, Frost und Hitze, Tag und Nacht in Unordnung gerät.
Unser Wort setzt da an, wo die Entscheidung fällt: Nicht bei der Angst. Aus der Angst heraus geschieht nichts Neues. Nein, unser Wort setzt bei dem Neuanfang an, dem Tag, wo die Erde sich wieder erneuert. Wo Wachstum und Blüte wiederkehren und es grün wird, wo die Wüste herrschte.
Der Grund ist auch nicht, daß die kleine Gemeinde der »Sieben Aufrechten« da ist. Sie ist nur so etwas wie ein Zeichen dafür, daß es noch Hoffnung gibt. Sie gehört zu den für die Öffentlichkeit unsichtbaren Gerechten, die auch ein Sodom und Gomorrha vor dem Untergang schützten – bis auch sie dort nicht mehr zu finden waren. Der Grund ist, daß es – in dem es um Pflanzen, Tiere und Menschen und ihr Leben geht – um Gott selbst geht. Um seinen Namen und seine Ehre. Gott liebt diese Welt. Sie gehört ihm. Er hat sein Wort gegeben und seine Ehre verpfändet, ihr Leben zu schützen, auch da, wo sie selbst sich aufgibt. Und das hat sie schon unendlich oft getan in den Bemühungen der Menschen. Nur, daß deren Möglichkeiten, dieses gelingen zu lassen, so extrem gewachsen sind. Es geht um Gott selbst, indem es um diese Erde geht. Genauer noch: Es geht um Gott in seinem Gott- und Herr-Sein, in seinem Schöpfer- und Vater-Sein – indem es um die Erde und die Menschen auf ihr geht.
Deshalb allein kann der Prophet so zuversichtlich sein. Und einen anderen Grund gibt es auch für uns nicht. Sehen wir kurz zu, warum nicht:
a) Die großen Entscheidungen bleiben alle aus. Sie allein könnten noch Abhilfe schaffen. Rio hat das gezeigt. Seit der letzten Weltkonferenz vor

20 Jahren ist die Zahl der Menschen auf dieser Erde um 2,5 Mrd. gewachsen; bis zur nächsten Konferenz wird es auf dieser Erde 10 Mrd. Menschen geben. Und die wollen alle so leben, wie die, denen es am besten geht. Und diese, denen es am besten geht, sind nach den Erfahrungen auch von Rio die Tyrannen und Spötter, von denen Jesaja spricht. Sie leben völlig ungerührt so weiter, als wenn nichts geschähe. Wie lange noch?
b) Der Geist hinter dieser hemmungslosen Ausbeutung und Beherrschung aller Lebensquellen der Welt ist der gleiche geblieben. Der berühmte australische Biologe Charles Birch konnte gleichfalls in einer Vision Gott den modernen Hiob fragen lassen: »Wo warst du beim Urknall? Wie konntest du in einem Universum aus reinem Wasserstoff entstehen? Begann das Leben als die erste Zelle entstand, oder gibt es Lebenselemente im Grundgefüge des Universums? Wie kannst du so sicher sein, daß alles mechanisch ist? Wie kann Geist aus dem Nichtgeistigen entstehen? Entstehen Menschen etwa aus Maschinen? Ist dein Universum etwa, das Menschen hervorbringt, nicht ebenso ein menschliches oder menschlich machendes Universum, wie ein Baum, der Äpfel hervorbringt ein Apfelbaum ist? Oder glaubst du, daß Feigen auf Disteln wachsen und Trauben auf Dornen? Glaubst du, daß die Welt und alles was in ihr ist, nur für dich da ist? Hat sie sonst keinen Wert? Sind Pflanzen, die in der Wüste wachsen und blühen, wo kein Mensch ist, deshalb wertlos? Warum glaubst du, daß kein Sinn in der Welt liegt – weil es Zufälle und Glück gibt? Kann es nicht beides geben? Wenn du das Leben bis hin zu seinen molekularen Bausteinen analysiert hast, weshalb glaubst du dann, daß du auf das Geheimnis des Lebens gestoßen bist, obgleich du noch nicht den Ursprung der Liebe und allen Fühlens entdeckt hast? Und weshalb willst du aus mir entweder einen allmächtigen Ingenieur machen oder ein ohnmächtiges Nichts – obgleich ich doch beides nicht bin?« Dieser Geist herrscht noch, wie lange noch?
c) Der Geist Gottes und so auch der Geist des Menschen, der der Schöpfung Gottes gerecht wird, sieht anders aus: Der Mensch ist eingefügt in die Luft, die er atmet, in die Früchte die er erntet, in die heilbringenden Blätter, die ihm Gesundheit geben.
Hier ist das Universum kein geschlossenes System, sondern ein Geflecht von Beziehungen, sichtbaren und unsichtbaren Einflüssen. Von Gott zu Mensch, von Menschen untereinander und zu Tieren und Pflanzen und allem was da ist. Bei Beziehungen geht es darum, daß man dem gerecht wird, zu dem man Beziehungen aufnimmt. Es geht da um Respekt, Solidarität und Liebe. Es geht um die Einsicht: Wenn der andere kein Recht auf Leben bekommt, dann werde auch ich dieses Recht nicht haben und so auch nicht leben.
d) Wenn das wahr ist, können wir dem Treiben der Tyrannen und Spötter auch nicht einfach so nachgeben, wie sie mit dem Leben umgehen. Wenn sie recht behalten, ist alles aus. Darum kommt alles darauf an, den Kampf gegen diese Ungerechtigkeit in uns und um uns herum aufzunehmen. Sicher,

meist sind wir in diesem Kampf nichts anderes als die kleine Schar der Demütigen und Armen. Aber es gibt einen Grund, weshalb wir nicht in der Bescheidenheit des dunklen Winkels bleiben dürfen.
Das ist der, nach dem wir uns nennen. Dessen ganzes Leben und auch dessen Sterben dem galt, daß Gott seinen Namen, seine Ehre als Schöpfer und Vater unter uns behält. Seit ihm wissen wir, daß auch der Tod und die Angst vor ihm nicht hindern dürfen, daß Gott seine Schöpfung sehen will wie am Anfang: Als einen Garten. »Mein Vater ist der Bauer«, sagt Jesus in einem Gleichnis, wo er sich selbst einen Weinstock nennt. Und diesen Weinstock pflegt dieser Bauer ohne Unterlaß. Dieser Weinstock hat Trauben, die wohlschmecken. Diese Trauben sind wir. Es ist wichtig, von Jesus Christus zu hören: Ihr seid die Reben, ihr seid die Trauben. Ihr seid das Ergebnis der Arbeit dessen, der seine Erde nicht vergißt.
Ihr seid die Menschen, die – bei aller eigenen Ungerechtigkeit, Faulheit und Ängstlichkeit, die Gerechten genannt werden dürfen, weil sie für die Erde da sind. Ich brauche euch so wie ihr seid. Ihr müßt euch nicht wohlschmeckender machen, als ihr seid. Ihr könnt es sowieso nicht.
Ohne Gleichnis: Wir, die Christen, mögen sein wie wir wollen, und manchmal eben auch schlicht unerträglich. Aber wir haben einen Namen, nach dem wir seit unserer Taufe genannt worden sind, den wir nicht verlieren. Auf diesen Namen setzt Gott. Es ist der Name Jesu Christi. In ihm ist die Ehre beschlossen, die Gott in dieser Welt haben will. Für die Ehre seines Namens sind auch wir verantwortlich, wenn wir so leben, daß deutlich wird: diese Erde ist und bleibt in seinen Händen. Amen.

Kontexte

Wenn die Propheten einbrachen
durch die Türen der Nacht
mit ihren Worten Wunden reißend
in die Felder der Gewohnheit
ein weit Entlegenes hereinholend
für die Tagelöhner ...

Wenn die Propheten einbrachen
durch die Türen der Nacht
und ein Ohr wie eine Heimat suchten,
Ohr der Menschheit
du nessel verwachsenes
würdest du hören? ...
Ohr der Menschheit
du mit dem kleinen Lauschen beschäftigtes
würdest du hören?

Wenn die Propheten aufstanden
in der Nacht der Menschheit
wie die Liebende, die das Herz des Geliebten suchen

Nacht der Menschheit
würdest ein Herz zu vergeben haben?«
(Nelly Sachs, aus: Fahrt ins Staublose. © Suhrkamp Verlag Frankfurt 1961)

»Die Technik wird sich darauf besinnen müssen, daß sie von der Natur abhängig bleibt ... Die Politik schließlich müßte aufhören, Natur als etwas außerpolitisches zu behandeln ... Dabei ginge es darum, politisch auszuhandeln, welche Natur wir überhaupt wollen.«
(Gernot Böhme)

»Es lebt sich nicht von allein ... Fehlt das letztendliche Worumwillen, bricht unsere teleologische Energie zusammen und die Maschine kommt zum Stillstand. Dann macht alles keinen ›Sinn mehr‹ ...«
(Hermann Timm)

»Im Verhältnis zu den Tieren geht es jedoch nicht allein um Barmherzigkeit und Humanität, sondern auch um Gerechtigkeit.«
(Wissenschaftlicher Beirat des Umweltbeauftragten der EKD »Verantwortung des Menschen für das Tier als Mitgeschöpf«)

13. Sonntag nach Trinitatis

Predigttext: Markus 3,31–35

Helmut Herberg

Homiletische Vorbemerkungen

1. »Und das Volk saß um ihn.» Das Bild spricht mich an. Wie eine Federzeichnung mit scharfen Konturen aber ohne jede Ausschmückung. Das Volk, das gemeine, einfache Volk, die Tagelöhner und Arbeitslosen, Frauen und Männer, Kinder und Greise, Kranke und Gesunde ... Er, der Mittelpuntk des Kreises, zieht die Linie so weit, daß keine(r) ausgeschlossen bleibt: »Und er sah rings um sich auf die, die um ihn im Kreis saßen und sprach: Siehe, das ist meine Mutter und meine Brüder.« Und dann weitet sich der Kreis um Ihn noch einmal: »Wer den Willen Gottes tut ...« Einspruch möchte man erheben, Vorsicht! rufen, Ihn warnen: »Da sitzen einige die ...«. Angst macht sich breit, der Stallgeruch könnte überfremdet werden, die Intimität verloren gehen.

2. In der Literatur zu diesem Text wird viel über die Heilige Familie nachgedacht. Der Text aber hat eine andere Zielrichtung: Nachfolge Jesu wird zu einer öffentlichen Angelegenheit. Nachfolge wird aus dem privaten, dem familiären Bereich befreit, wird zu einer ›res publica‹. Die Menschen des Alltags treten in den Mittelpunkt des öffentlichen, des göttlichen Interesses und mit ihnen ihre Nöte: ihr Hunger, ihre Krankheit, ihre Arbeitslosigkeit, ihr Ausgeschlossensein vom allgemeinen Wohlstand. Der Kreis um Jesus weitet sich, weil nach dem Willen Gottes niemand ausgeschlossen sein darf: »Gott will, daß allen Menschen geholfen werde und sie zur Erkenntnis der Wahrheit kommen« (1. Timotheus 2,4).
Eine zeite Dimension von Öffentlchkeit wird deutlich: Diejenigen, die sich nicht so ausdrücken, die nicht so abstrakt reden können, werden miteinbezogen. Die ausgrenzende Dominanz der Theorie wird durchbrochen: »Wer den Willen tut ...« Welch ein weiter Horizont für unsere verkopfte Theologie! Mit den Menschen um Jesus kommen die Praktiker in den Blick, die keine richtige Theorie im Kopf, aber Hände und Füße haben, um zu helfen und zu heilen, zuzupacken, Schutt wegzuräumen, um Neues aufzubauen, um hinzugehen und dazubleiben ... Frauen werden als Gottes-Mütter angesprochen, die eigenen oder fremden Kindern Mutter geworden sind. Der Predigttext ist im engen Zusammenhang von Matthäus 25 zu lesen. Damit eng verbunden ist die dritte Dimension von Öffentichkeit: Trennende Unterschiede werden relativiert. Alle sind dem Mittelpunkt, sind Ihm gleich nah, gleich fern. »Hier ist nicht Jude noch Grieche, hier ist nicht Knecht noch Freier, hier ist nicht Mann noch Weib ...« (Galater 3,28).

3. Es besteht keine zwingende Notwendigkeit, den Text mit den Versen 20 und 21 zu verknüpfen. Ob seine leibliche Mutter, seine Geschwister den Willen Gottes tun und damit eben nicht draußen stehen, bleibt offen. In den Versen 20 und 21 wird aber eine gefährliche Tendenz, eine Sogwirkung beschrieben: »Sie wollten ihn halten.« Diese Haltung, Jesus auf den privaten Bereich zu beschränken, spiegelt sich auch in dem vorliegenden Predigttext wieder.

4. Erinnerungen werden durch den Text in mir wach, die ich in der Predigt aufnehmen möchte: In der vergangenen Woche traf sich eine BUND-Gruppe hier in unserer

Stadt, um eine geplante Müllverbrennungsanlage zu verhindern. Eine Stunde lang informierten sich alle über die Gefahren einer solchen Anlage. Dann wurden gemeinsame Aktionen geplant und Aufgaben verteilt. Das als richtig Erkannte wurde zur Tat. Die Herausforderung, die Umwelt zu schützen, wurde als große verbindende Kraft erlebt. Ich war ein Neuling in der Gruppe und fühlte mich doch sofort dazugehörig. Im Raum der Kirche ist, so meine ich, alles Wichtige gesagt, geschrieben. Es fehlt das gelebte Zeugnis. Wir reden von Brüdern und Schwestern, aber gelebte Solidarität ist ganz selten zu erfahren. Einsamkeit macht sich breit.
– Jene Geschichte von dem Rabbi ist mir eingefallen, von dem erzählt wird, daß er jeden Morgen zu Gott aufsteigt. Einer will es genau wissen und schleicht ihm nach. Er beobachtet den Rabbi, wie er in aller Frühe zu einer Witwe geht, ihr das Holz hackt und den Ofen anheizt.
– Ich denke an Jim Wallis. Er lebt mit 50 Menschen, Protestanten, Katholiken, Weißen und Farbigen ... in einer Familie. Was sie sind und haben, teilen sie miteinander. In der Not der Welt sehen sie ihre gemeinsame Herausforderung zu handeln (siehe Texte).
4. Es geht also um den Kreis um Jesus, der mit ihm als Mittelpunkt zu einem öffentlichen Kreis wird. Die Menschen, das Volk, das um ihn sitzt, nennt er Mutter, Bruder, Schwester, so als sei das Sitzen um Ihn die entscheidende Tat, aus der alle anderen Taten fließen. Dem möchte ich in der Predigt weiter nachgehen.

Vorschläge zur Liturgie

Zum Eingang

Du, unser Gott, im Namen Jesu kommen wir zusammen zum Gottesdienst und suchen deine heilende Nähe.
Wir möchten deine Gegenwart unter uns feiern, aber es fällt uns schwer, innerlich zur Ruhe zu kommen. Bilder sind vor uns, Erfahrungen, Begegnungen aus der vergangenen Woche.
In der Stille werden Stimmen in uns laut, die wir fürchten und kaum unter Kontrolle halten können. Hilf uns, jetzt ganz hier zu sein und uns deiner Gegenwart zu öffnen. Wir bitten dich, laß uns Ruhe finden in dir, der Mitte unseres Lebens. Schenke uns deinen Geist, daß wir uns als Brüder und Schwestern, als deine Gemeinde erkennen. Amen.

Vor dem *Kyrie*

Du, unser Gott, wohin sollen wir gehen mit unserer Schuld? Wir bringen dir unser ungelebtes Leben. Wir bitten dich um Vergebung, wo wir Leben verfehlt, dich im Alltag allein gelassen haben. Du, unser Gott, wir sitzen nebeneinander in derselben Bank und sind uns doch so fremd. Wir feiern miteinander Gottesdienst und bleiben verschlossen in uns selbst und allein. Wir bitten dich: Befreie uns aus unserer Verschlossenheit! Befreie uns dazu einander anzunehmen, wie du uns in Jesus Christus angenommen hast. Amen.

Lesungen
Psalm 67 oder 84
1. Johannes 4,7–12 oder Apostelgeschichte 4,32–35

Lieder
Du hast uns, Herr, gerufen Nr. 724
Liebe ist nicht nur ein Wort Nr. 774
Ins Wasser fällt ein Stein Nr. 766
(alle aus: Neue Lieder, Hänssler-Verlag, Stuttgart)

Fürbitten
Herr Jesus Christus, das Bild bewegt unsere Herzen: Du in der Mitte und die Menschen um dich herum. Bei uns drängt sich oft anderes in die Mitte: Dinge, Sorgen, Ängste. Wir bitten Dich, hilf uns immer wieder zu dir, der Mitte, zurückzufinden.
Wir bitten dich für unsere ganze Gemeinde, bewahre uns davor, einander allein zu lassen und uns der Not des Nächsten zu verschließen.
Wir bitten dich für deine weltweite Kirche, für die Ökumene: Stärke die Gemeinschaft in ihr, daß sie dich durch Wort und Tat glaubwürdig bezeugt. Schenk ihr den Mut, Fürsprecher derer zu sein, die an den Rand gedrängt und zum Schweigen verurteilt wurden.
Wir bitten dich für die Frauen und Männer, die sich bei amnesty international engagieren. Vielen haben sie durch ihr mutiges Eintreten zur Freiheit verholfen. Stärke deinen Geist in ihnen, daß die Freiheit wächst.
Wir bitten dich für die Menschen, die unschuldig in Gefängnissen sitzen, die der Willkür anderer preisgegeben sind und unter der Qual der Folter leiden müssen. Sei du ihnen nahe mit deiner Kraft zum Leben. Den Verantwortlichen gib die Unruhe ins Herz, daß sie sich für Gerechtigkeit einsetzen.
Wir bitten dich für die Menschen, die sich für die Bewahrung deiner Schöpfung einsetzen. Wir denken dabei an die Mitarbeiter und Mitarbeiterinnen beim Bund für Umwelt und Naturschutz in Deutschland. Segne ihren Einsatz und laß ihr Vorhaben gelingen.
Wir bitten dich für die psychisch Kranken, hilf uns, sie in ihrer Not zu verstehen und mit ihnen Wege zum Leben zu suchen.
Wir bitten dich für die jungen Menschen, die ohne inneren Halt und ohne Orientierung aufwachsen. Laß uns Menschen sein, die sie zum Leben im Vertrauen auf dich ermutigen.
Wir bitten dich für die Länder, in denen Krieg herrscht. Laß in allen Beteiligten die Erkenntis wachsen, daß nur durch Friede und Gerechtigkeit Wohlstand für alle erreicht werden kann.
Du unser Gott, wir vertrauen uns dir an und wollen im Namen deines Sohnes Jesus Christus glaubwürdig leben. Stärke uns dazu durch deinen Heiligen Geist.

Vorschläge für die Predigt

Einstieg

Liebe Gemeinde, eine spannende Szene. Man möchte aufstehen und Einspruch erheben: »Bitte doch nicht in der Öffentlichkeit! Tragt eure Familienkonflikte doch unter euch aus!« Nein, der Evangelist Markus legt es geradezu auf Öffentlichkeit an. Alle sollen es wissen. Was? Was Nachfolge Jesu heißt. Wie bitte? Was sagt dieser Familienkonflikt über Nachfolge aus? Schauen wir genauer hin: »Und das Volk saß um ihn.« Mit wenigen Federstrichen wird wie in einer Skizze Nachfolge festgehalten. Das Volk saß um ihn. Der Kreis um Jesus. Er der Mittelpunkt. Alle anderen gleich nah und gleich fern. Ist das alles? Ja, das ist alles. Der Mittelpunkt ist klar, das ist die Hauptsache. Wer sitzt denn da um Ihn. Wer ist das Volk? Frauen und Männer saßen da. Gesunde und Kranke, Einheimische und Zugezogene, psychisch Robuste und Labile, Erwachsene und Kinder, Arbeiter und Arbeitslose, die freiich waren damals in der Mehrzahl. Hungerleider saßen da und Obdachlose. Das Volk, das gemcine Volk. Maria aus Magdala saß da. Sie war duch Jesus von schwerer Krankheit befreit worden. Der blinde Gerschon saß da neben dem römischen Soldaten Tertullus. Ruth mit ihren drei Kindern saß da. Ihr Mann hatte ihr kürzlich den Scheidebrief überreicht, und nun weiß sie nicht, wie sie ihre drei Kinder durchfüttern soll. Der dunkelhäutige Afrikaner saß da, der als Fremder bereit war, jede Arbeit anzunehmen und oft genug nur einen Hungerlohn bekam. Und jener Namenlose saß mit in der Runde, jener Namenlose, der immer nach dem billigen Fusel roch.

Was wollen sie bei Jesus? Warum sitzen sie um ihn?

Sie haben seinen Ruf gehört: »Kommet her zu mir alle, die ihr mühselig und beladen seid, ich will euch erquicken!« Sie haben Jesus beim Wort genommen, und sie haben erfahren: Jesus nimmt Gott ernst als den gegenwärtigen Gott, und er nimmt uns ernst als Gottes Ebenbilder.

Das Volk saß um ihn und, so müßten wir weitererzählen, er tat, was er immer tat: Er feierte mit den Menschen um sich die Gegenwart Gottes. Bist du nicht zuweit gegangen, Bruder Jesus? Weißt du nicht mehr, wo du herkommst und wo du hingehörst, wo dein Zuhause, wer deine wahre Familie ist? Du bist doch der Älteste. Hast du deine Pflichten als erstgeborener vergessen? Wir brauchen dich zuhause!

So, liebe Gemeinde, stelle ich mir die Szene vor: »Siehe, deine Mutter und deine Brüder und deine Schwestern draußen fragen nach dir.« Und Jesus? »Er sah rings um sich auf die, die um ihn im Kreise saßen, und sprach: Siehe, das ist meine Mutter und meine Brüder!«

Wiederum möchte man aufstehen und widersprechen, ihn warnen: »Du kennst sie nicht ... Es sitzen da einige, die ... Zieh den Kreis nicht so weit!« Zur Familie gehört doch eine enge persönliche Bindung, eine Vertrautheit in Grundsätzlichem. Angst kommt auf, der wohlvertraute Stallgeruch könnte überfremdet, das Untersichsein gestört werden.

Er aber zieht den Kreis noch weiter: »Wer Gottes Willen tut, der ist mein Bruder und meine Schwester und meine Mutter.« So, als wollte er sagen: Nachfolge ist eine öffentliche Angelegenheit, eine für alle sichtbare Lebenshaltung und vor Gott kann niemand aufgrund seiner Herkunft eine Sonderstellung beanspruchen. Haben, so fragen wir, die um Jesus herumsitzen, denn den Willen Gottes getan? Sie sitzen doch nur mehr oder weniger zufällig um ihn? Ja, sie sitzen nur um ihn. Mehr oder weniger zufällig, so wie wir heute morgen hier in der Kirche sitzen.

Zum weiteren Verlauf

1. Ich gehe der Frage nach: Tun wir denn den Willen Gottes?
»Beim Tun, liebe Gemeinde, denken wir an Aktionsprogramme der Diakonie, der tätigen Nächstenliebe. Wir denken an das Engagement für Frieden, Gerechtigkeit, Bewahrung der Schöpfung. Wir spüren dann den Druck von dem, was wir noch alles tun sollten und ziehen unwillkürlich den Kopf ein, um nicht noch mehr auf unsere Schultern geladen zu bekommen.«

2. Gegen die Angst, neue Lasten auferlegt zu bekommen, stelle ich den Text: »Wohltuend ist das Bild, das Markus hier beschreibt: Die Menschen um Jesus sitzen einfach nur da, lassen sich sagen: ›Ihr seid meine Muter, meine Geschwister. Mit euch bin ich tief verbunden. Wir bilden miteinander die Familie Gottes.‹ Keiner, keinem wird eine Last auferlegt. Eine Würde wird ihnen zugesprochen, ein neues Selbstbewußtsein. So, als wäre die wichtigste Tat, sich sagen zu lassen: ›Du bist mehr geliebt, als du weißt. Du bist wert geachtet von Gott, groß in den Augen Gottes. Du bist seine Mutter, sein Bruder, seine Schwester.‹«
Der Wille Gottes beginnt damit, daß wir diesen Zuspruch eines neuen Selbstbewußtseins für uns gelten lassen und nicht in den alten Jammerton zurückfallen: »Auf mich kommt es ja doch nicht an.« Mit diesem Wort Jesu werden die Wurzeln seines jüdischen Denkens sichtbar: Der Mensch ist Partner Gottes und Sünde heißt, Gott allein zu lassen (A. Heschel, siehe unten unter Kontexte).

3. »Ist damit die konkrete Not der Menschen ausgeblendet?« In der Beantwortung dieser Frage gehe ich auf die Nöte der Menschen um Jesus ein. »Die alltägliche Not der Menschen wird aus der Verschwiegenheit in das öffentliche Interesse geholt.«

4. Mit dieser Erfahrung sind die Menschen um Jesus nach Hause gegangen. Wie gehen wir nach Hause? »Weißt du, daß du eine Mutter, ein Bruder, eine Schwester Jesu bist?« Nun berichte ich von Menschen, die sich z.B. bei amnesty international engagieren, ohne einer Kirche anzugehören, die Gottes Willen tun, ohne zu wissen, daß sie Mutter, Bruder, Schwester Jesu sind, die das nach Matthäus 25 erst am Jüngsten Tag erfahren werden.

Möglicher Schluß
»Wir aber, die wir uns als bewußte Christen verstehen, werden vom Predigttext her gefragt: Sind wir nicht immer wieder in der Gefahr, den lebendigen Gott heraushalten zu wollen aus dem schmutzigen Geschäft des Alltags, z.B.
- aus der Debatte um die Müllverbrennung,
- aus dem Verteilerkampf zwischen alten und neuen Bundesländern,
- aus den Verhandlungen über Klimaschutz und der Erhaltung der Arten?

Werden da nicht auf einmal die Wirtschaft, das Wirtschaftswachstum Mittelpunkt des Denkens?
Die Grundfrage, die uns der Text stellt, heißt: Wer ist Mittelpunkt unseres christlichen Abendlandes, des westlichen Kapitalismus? Wer ist Mittelpunkt meines, unseres Denkens, unserer Gemeinde?«

Kontexte
»Der Kleinbürger ist ein Mensch, der unfähig ist, sich den Anderen vorzustellen. Wenn der Andere sich seinen Blicken zeigt, wird der Kleinbürger blind, oder er ignoriert oder leugnet ihn, oder aber er verwandelt ihn in sich selbst. Im kleinbürgerlichen Universum sind alle Fakten der Konfrontierung solche der Rückstrahlung, jedes Andere wird auf dasselbe zurückgeführt.«
(Roland Barthes: Mythen des Alltags, © Suhrkamp Verlag, Frankfurt 1981, S. 141f.)

Christliche Gemeinschaft muß heute eine Gemeinschaft des Widerstands sein. Aber vor allem muß sie feiernde Gemeinschaft sein. Nur aus dem Fest fließt echte Widerstandskraft ... Uns wurde klar: Wenn Gerechtigkeit, Friede und Gleichheit die Merkmale des Volkes Gottes sind, dann muß auch unser Gemeinschaftsleben Gerechtigkeit, Friede und Gleichheit ausstrahlen.
(aus: Jim Wallis, Wiederbelebung, © 1987 Brendow Verlag, Moers)

Wenn wir davon sprechen, was uns die Krise des öffentlichen Lebens im 19. Jahrhundert hinterlassen hat, dann meinen wir auf der einen Seite die fundamentalen Kräfte des Kapitalismus und des Säkularismus und auf der anderen Seite diese vier psychologischen Sachverhalte: unwillkürliche Charakterenthüllung, Überlagerung der öffentlichen Sphäre durch die private Vorstellungswelt, Abwehr durch Rückzug und, schließlich, Schweigen. Das obsessive Interesse am eigenen Selbst ist Ausdruck des Versuchs, diese bohrenden Fragen des letzten Jahrhunderts durch Verleugnung zu parieren. Intimität ist der Versuch, das Problem der Öffentlichkeit dadurch zu lösen, daß man die Existenz von Öffentlichkeit leugnet. Doch wie jede Verleugnung hat auch diese nur bewirkt, daß sich die destruktivsten Impulse der Vergangenheit um so unangreifbarer in der Gegenwart verschanzt haben. Das 19. Jahrhundert ist noch nicht zu Ende.
(Richard Sennett: Verfall und Ende des öffentlichen Lebens. Die Tyrannei der Intimität. Dtsche. Übersetzung v. R. Kaiser, © 1983 S. Fischer Verlag, Frankfurt/M.)

In der Tat ist das Hauptanliegen des Judentums nicht, wie man Gottes Gegenwart in der Welt der Dinge findet, sondern wie man Ihn einbeziehen kann in die Art und Weise, wie wir mit den Dingen umgehen, wie man mit Ihm leben kann in der Zeit,

nicht nur im Raum. Darum ist die Mizwa eine hervorragende Quelle religiöser Erkenntnis und Erfahrung. Der Weg zu Gott ist ein Weg Gottes, und die Mizwa ist ein Weg Gottes, ein Weg der Selbsterschließung des Heiligen. Unsere Worte reichen nicht hin, aber wir können in Taten leben, die Gott zum Ausdruck bringen.
Die Präsenz Gottes ist eine königliche Hoffnung, man muß sie fühlen und festhalten und, wenn man sie verloren hat, wiedergewinnen und weiterführen. Die Zeit ist die Gegenwart Gottes in der Welt. Jeden Augenblick geschieht Seine lautlose Ankunft, und des Menschen Aufgabe ist es, präsent zu sein. Gottes Gegenwart wird erlebt in Augenblicken, in denen Gott nicht allein ist, in denen wir versuchen, in Seiner Gegenwart zu stehen, Ihm Einlaß zu gewähren in unser alltägliches Tun, bei dem wir unsere Gedanken mit dem Siegel der Ewigkeit prägen. Die göttliche Gegenwart ist nicht ein Bereich und das heilige Tun ein anderer; das heilige Tun ist das Göttliche in Verkleidung.
Die Bestimmmung des Menschen ist, Partner Gottes zu sein. Eine Mizwa ist ein Akt, in dem der Mensch vor Gott steht, ein Akt der Teilhabe; Sünde hingegen ist ein Akt, bei dem Gott allein bleibt, ein Akt der Entfremdung.
(Abraham J. Heschel: Gott sucht den Menschen. Eine Philosophie des Judentums, Band 2, 3. Aufl., Neukirchen 1992)

14. Sonntag nach Trinitatis

Predigttext: Markus 1,40–45

Heinrich Jürgenbehring

Homiletische Vorbemerkungen

Ein Aussätziger kommt zu Jesus. Er durchbricht seine Isolation, geht aus sich heraus. Er will »rein« werden. So appelliert er an den Willen Jesu: »Willst du, so kannst du mich reinigen« (Vers 40). Die von Markus verwandten Verben signalisieren die Dringlichkeit des Anliegens. »Er bat ihn, kniete nieder« (bei den Juden nur vor Gott) »und sprach zu ihm ...« (Vers 40). Jesu Verhalten spiegelt exakt das Verhalten des Bittenden. »... und es jammerte ihn« (andere Textzeugen: »er wurde zornig«) »und streckte die Hand aus, rührte ihn an und sprach zu ihm: ›Ich wills tun; sei rein!‹« (Vers 41). Die Lesart, die vom Zorn Jesu redet, dürfte die ursprüngliche sein, »das meist gelesene ›es jammerte ihn‹ ist offensichtlich Erleichterung« (Schniewind, NTD 1, 1960, S. 21). Es geht somit um die »pneumatische Erregung des Wundertäters« (Schmithals, ÖTK, 2/1, 1986, S. 144), um das Weinen und Ergrimmen des Gottessohnes angesichts einer Welt des Todes. (Vgl. Johannes 11,33.35.38.) Der Aussätzige ist ausgeschlossen aus der Lebenswelt der »Gesunden«, als »Ausgesetzter« ein lebendig Toter. »Der Aussatz heißt im Orient ›der erstgeborene Sohn des Todes‹« (Hiob 18,13; vgl. Schniewind, a.a.O., S. 21). Er trennt von den Menschen – wie von Gott.

Trifft sich der Gesundungswille des Aussätzigen mit dem Heilungswillen Jesu, so ist eindrücklich das Phänomen des Glaubens beschrieben, wenngleich das Wort hier noch nicht begegnet. »... Jesus kann von sich aus keine ›Wunder‹ tun ... wo er im ›Glauben‹ an ihn gestellte Zumutungen annimmt und ihnen mit seinem Glauben standhält, da widerfährt ihm zusammen mit jenen (den Hilfesuchenden) etwas von der erschreckenden und herrlichen Macht Gottes« (Inge Nestle-Angermann/Dieter Nestle in: Neue Calwer Predigthilfen, 3.Jg., B, S. 168). Die fast beiläufig konstatierte Heilung (Vers 42) geschieht durch das Wort. So geht es um die Relation Wort und Glaube.

Dem Glaubenden widerfährt, indem er gesund, »rein« wird, die Einsetzung in die Gemeinschaft mit Gott und in die menschliche (kultische) Gemeinschaft. So ist in der Begegnung mit dem »Wundertäter« ihm die Gottesherrschaft begegnet. Wunder sind Zeichen, die auf diese verweisen. Das »Schweigegebot«, vom Geheilten übertreten, muß nicht unbedingt im Zusammenhang der »Messiasgeheimnis-Theorie« des Markus verstanden werden. Nimmt man mit Schmithals eine in sich geschlossene Erzählung der Grundschrift (GS) an, und schreibt lediglich den Vers 45 dem Evangelisten zu, so lösen sich die ansonsten allseits diskutierten literarkritischen Probleme am ehesten. Das Schweigen wäre zu verstehen »als Vorbereitung auf den heiligen Akt im Tempel« (Schmithals, a.a.O., S.1 137). Hier soll der Geheilte gemäß dem Mosegesetz für seine Reinigung ein Opfer darbringen (Vers 44). Doch liegt der Akzent nicht auf dieser Handlung. Vielmehr wird so veranschaulicht, daß Gott die Ehre gebührt, der allein Wunder tut. Er wird gepriesen, den Priestern »zum Zeugnis« (ebd.). Dem religiösen Establishment soll bezeugt werden, wer dieser Wundertäter ist, den sie ans Kreuz bringen werden. Es ist ein Zeugnis für sie, wie für alle

Menschen. Verstehen wir Vers 45 als Zusatz des Evangelisten, der das Schweigegebot von Vers 44 mißverstand (vgl. Schmithals, a.a.O., S. 137), so kommt hier das »Messiasgeheimnis« zur Sprache. Jesu messianische Hoheit bleibt irdisch verborgen (Wunder sind nicht eindeutig). Erst von Kreuz und Auferstehung her erschließt sie sich dem Glaubenden. So aber muß der Nazarener sich »an einsamen Orten« aufhalten, während der vom Aussatz Befreite die Wundertat bekanntmacht.
Für die Predigt über unseren Text bieten sich mehrere Schwerpunkte an:
1. Jesus ohne Berührungsangst (Die Herausforderung des Nazareners durch einen »Unreinen«.)
2. Der alle Hindernisse überwindende Glaube (Der Glaube des Kranken und der Glaube Jesu.)
3. Wer ist der, der solche Taten tut? (Das »Messiasgeheimnis«.)
Ich möchte in meiner Predigt erzählen von dem Mann aus Nazareth, der keine Berührungsängste kennt und aus der Gemeinschaft Ausgestoßene wieder in die Gemeinschaft zurückführt. Dieses Verhalten hat Konsequenzen für die Beziehung von »Gesunden« und »Kranken« in der Gemeinde. Die oben genannten Schwerpunkte mögen in unterschiedlicher Gewichtung so mit zur Sprache kommen.

Vorschläge zur Liturgie

Liedvorschläge
EKG 186; 197; 217,6+7; neue Lieder: »Ich lobe meinen Gott, der aus der Tiefe mich holt ...« (111 Lieder für Kirchentage, Nr. 58); »Ich werfe meine Fragen hinüber« (ebd., Nr. 61); »In der Mitte der Nacht« (ebd., Nr. 57).

Eingangsvotum
»Der Herr ist allen gütig und erbarmt sich aller seiner Werke. Es sollen dir danken, Herr, alle deine Werke und deine Heiligen dich loben.«
(Psalm 145,9.10)

Lesungen
Römer 8,14–17; Lukas 17,11–19; Psalm 34,1–9

Sündenbekenntnis
Du rufst uns, wir können uns dir nicht mehr entziehen. Du kennst uns, wir können uns vor dir nicht länger verstecken. Du liebst uns, wir können nicht mehr hassen. Du nimmst uns an, uns fehlen die Ausreden. Wer wir auch sind, dein sind wir, o Gott, um Jesu Christi willen.
(aus: Gottesdienst 80, hrsg. von H. Nitschke, S. 22)

Eingangsgebet
Herr, gnädiger Gott, schenke uns ein ruhiges Herz, einen aufmerksamen Sinn, einen klaren Verstand – damit wir dein Wort hören und verstehen, damit wir deine Gegenwart fühlen und schmecken, damit wir dich einlassen und aufnehmen in unser Leben.
(aus: Gottesdienst 80, hrsg. von H. Nitschke, S. 17)

Schlußgebet

Das folgende Gebet lehnt sich an ein Gebet aus: Jugendgottesdienste, 1976, hrsg. von H. Nitschke, S. 37, an. Nach den einzelnen Bitten kann ein »Kyrie« gesungen werden. Hierzu: 111 Lieder für Kirchentage, Nr. 74; 75; 77.

Lasset uns beten zu Gott, unserm Freund und Vater, der unsere Hilfe und Zuflucht ist:

für die vielen Menschen auf unserer Erde, die vom Leid gequält werden, die in Angst und Schrecken leben müssen oder tägich Hunger leiden. Wir bitten dich, erhöre uns. Kyrie eleison ...

Wir denken an die Menschen, die keinen Tag ohne Schmerzen sind. Für unsere Kranken bitten wir dich, hier in unserer Gemeinde und überall auf der Erde. Gib den Helfenden geschickte Hände, ein Mut machendes Wort, eine Geste der Zuversicht. Wir bitten dich, erhöre uns. Kyrie eleison ...

Wir bitten dich, Herr, unser Gott, für alle, die unter der Last ihrer Sorgen zusammenbrechen. Laß uns nicht an ihrer Not vorübergehen, sondern sie wachen Sinnes wahrnehmen und Zeit für sie haben. Wir bitten dich, erhöre uns. Kyrie eleison ...

Für alle, die ihrer Überzeugung, Religion und Rasse wegen benachteiligt sind, bitten wir dich, Herr. Für alle, die in unserer Gesellschaft an den Rand gedrängt, verachtet und ausgegrenzt werden. Herr, nimm uns unsere Vorurteile und Berührungsängste. Wir bitten dich, erhöre uns. Kyrie eleison ...

Herr, unser Gott, wir sind hier beieinander. – Jeder mit seinen eigenen Sorgen und Schwierigkeiten. Laß uns einsehen, daß unser Lebensglück zu einem guten Teil in unseren eigenen Händen liegt. Denn wenn wir der anderen Last mittragen, wird der Friede deines Sohnes, unseres Herrn Jesus Christus in unserer Mitte sein. Wir bitten dich, erhöre uns. Kyrie eleison ...

Vorschläge zur Predigt

Möglicher Anfang

Wirklich, ich muß ihn bewundern, den Mann, der da zu Jesus kommt! Er durchbricht seine Isolation, geht aus sich heraus. Er verkriecht sich nicht in seinem Elend, nistet sich nicht ein in der Verzweiflung. – Der Aussatz, das müßt Ihr wissen, war eine schlimme Krankheit. Der »erstgeborene Sohn des Todes«, so nannte man ihn im Orient. Wer von ihm befallen war, wurde aus der menschlichen Gemeinschaft ausgeschlossen. – Aussatz ist ansteckend. Da konnte man sie von weitem rufen hören, die Aussätzigen: »unrein, unrein«. Und jeder machte einen großen Bogen um sie. So lebten sie dahin, am Rande der Gesellschaft, waren von Menschen gemieden, galten als von Gott verflucht. Lebendig noch waren sie gleichsam schon zu den Toten geworfen. Wirklich, ich muß ihn bewundern, den Mann, der da zu

Jesus kommt. Von ihm lerne ich, daß einer sein Elend kundtun muß, soll ihm geholfen werden. Wie manch einer zieht sich zurück, schluckt seine Tränen herunter, frißt den Schmerz in sich hinein: »Ich bin ein hoffnungsloser Fall. Mir kann niemand mehr helfen. Ich habe keine Kraft mehr zum Aufschrei. Ich will nicht mehr.« Siehe den Mann in unserer Geschichte! Er kam, bat, kniete nieder und sprach ... Eindrücklich hat unser Markus erzählt, was sich dort begab.
Wirklich, ich muß diesen Jesus bewundern, der so gar keine Berührungsangst kennt. Mir ist, als »spiegelt« er – gleichsam wie ein Therapeut – das Verhalten des Kranken. Es jammerte ihn, er streckte die Hand aus, er rührte ihn an und sprach ... Der Wille des Kranken begegnet dem Willen Jesu. »Wenn du willst, so kannt du ...«, sagt der Kranke. »Ich will's tun, sei rein!« antwortet Jesus. So etwas nenne ich Glauben. Der Glaube des Mannes, der Glaube Jesu zusammengefügt zu einem Vertrauen zu dem Gott, der da hilft und zu dem Herrn, der vom Tode errettet. Wirklich, eine schöne Geschichte. Eine Kurzgeschichte, anmutend fast wie das alltäglich zelebrierte Ritual: »Wie gehts?« – Danke, es geht ... »Na ja, Hauptsache gesund ...!«? Mehr als gesund! Hier wird einer der Gemeinschaft mit Gott und den Menschen zurückgegeben. – Da höre ich jemand sagen: Mag ja sein. Das ist aber auch eine alte Geschichte. Lepra ist heute heilbar. Die Weltgesundheitsorganisation hat diese tödliche Krankheit für ausgerottet erklärt. Also: es gibt keine Aussätzigen mehr. Stimmt! Aber gibt es auch keine Ausgesetzten?

Weiterführende Stichworte
Hier können Beispiele für das »Ausgesetztsein« von Menschen in unserer Zeit erzählt werden. Etwa so: »Eine Schulklasse macht einen Tagesausflug. Der Bus kommt. Das Gerangel um die Plätze geht los. Ich will neben dir sitzen. Und ich neben dir ... Ach, da ist ja der ›Stinki‹. Neben dem sitze ich nicht.« Oder so: »Ein Mann wird pensioniert. Die Kollegen sagen beim Abschied: ›Schau 'mal wieder rein!‹ Er tut es. Aber die Atmosphäre ist nicht wie früher. Alle sind irgendwie distanziert. Jeder hat zu tun. Der Pensionär stört. Die Kontakte brechen ab. Der Mann bleibt zu Hause. Was ist einer noch wert, wenn er nicht mehr arbeiten kann?« Oder so: Zu erzählen wäre von den Menschen in den »neuen Ländern«. Sehnsüchtig hatten sie die Veränderung ihrer Lage erwartet. Dann kam die »Wende«. Nun würde alles anders werden. Sie engagierten sich beim Aufbau einer neuen, demokratischen Gesellschaft. In der Anfangszeit. Aber bald mußten sie merken, ihr Rat, ihre Vorstellungen waren nicht gefragt. Auf die Bevormundung durch einen autoritären Staat folgte die Bevormundung durch die »Besserwessis«. So fühlt man sich an den Rand gestellt, wird nicht mehr gebraucht. Ausgesetzt! – Oder so: Folgen eines Autounfalls. Sie ist querschnittsgelähmt. Die erste Zeit wird sie von ihren Freundinnen besucht. Aber dann: Die Besuche werden weniger. Jede hat mit sich selbst zu tun. Die Frau fühlt

sich isoliert, »ausgesetzt«. Ich denke an Asylsuchende, an Homosexuelle, an AIDS-Patienten. Die Vorurteile: »Asylanten sind Schmarotzer. Sie wollen von unserem Wohlstand leben.« – »Homosexuelle sollen unter sich bleiben, aber keine Ämter in der Gesellschaft und in der Kirche(!) bekleiden.« – »AIDS ist eine Strafe Gottes. Wer ›normal‹ lebt, bekommt diese Krankheit nicht.« Urteile, Fehlurteile, unbarmherzig, lieblos. So werden Menschen ausgegrenzt, »ausgesetzt«. Aussätzige in unserer Zeit.

Wörtliche Weiterführung
Gut, daß es Menschen gibt, die sich nicht schicksalsergeben ins scheinbar Unvermeidliche fügen. Gut, daß viele aufschreien, sich organisieren in Selbsthilfegruppen, protestieren. Sie sind Schwestern und Brüders jenes Mannes, der seine Isolation überwindet, aus sich herausgeht und zu Jesus kommt. Der will nicht, daß Menschen abgeschoben, ausgegrenzt, isoliert werden. »Es jammerte ihn«, sagt unser Markus. Man kann hier auch lesen: »Da wurde er zornig.« Der Mann aus Nazareth hat nicht nur Mitleid mit den Elenden, so daß sich ihm die Gedärme im Leib umdrehen. Er hat auch eine Riesenwut, einen heiligen Zorn auf diese Welt des Jammers und des Todes. So wie es ist, soll es nicht sein. So wie es ist, soll es nicht bleiben. Manchmal ist es gut, sich von dem Zorn Jesu anstecken zu lassen, aufzuschreien, Lärm zu schlagen für das Leben. – Ermunterung für alle die im Unten sind, Ermutigung, zu Protestleuten des Lebens zu werden in einer Welt des Todes. Heilt Jesus den Einen, macht er deutlich: So soll es sein (endlich!): keine Ausgrenzung mehr, sondern Gemeinschaft. Keine Distanz, sei es aus Angst oder aus Gleichgültigkeit, sondern Nähe. Keine Berührungsanst. »Er streckte die Hand aus und rührte ihn an ...«. Bestehenden Normen und Gesetzen zum Trotz!

Möglicher Schluß
Manch einer mag denken: Ich kann das Elend der Welt nicht wenden. Das ist unmöglich. Das Elend der Welt nicht. Aber beginne vor deiner Tür! Viele kleine Leute, die an vielen Orten viele kleine Schritte tun, die würden die Welt ein wenig freundlicher machen. Laßt uns in unserer Gemeinde darüber nachdenken, wie wir zum Empfangsraum werden können für die Ausgesetzten unserer Zeit. Im »Tempel« soll Gott gelobt und gepriesen werden. Hier werden seine Taten gerühmt, sodaß die Elenden es hören und sich freuen. Rein und klar aber klingt dies Lob nur dann, wenn wir den Elenden bei uns eine Heimat geben und Verzweifelte mit Hoffnung anstecken.

Kontexte

Wir trauern um oberst hans geer:
nachdem er lahm und hilflos geworden
ließen ihn seine freunde
die offiziere mit denen er

für armee und korpsgeist verschworen
schon bald
sehr bald schon
im stich

keiner mehr der ihn besuchte
der erinnerungen tauschte mit ihm
der ihn stützte auf kurzem spaziergang
oder nur schweigend neben ihm saß

tagelang jahrelang
blieb er von seinen freunden vergessen
weinte oft vor sich hin bis als einziger
jetzt der tod sich seiner erbarmt hat

sterblich zu sein
ist bitter genug
am bittersten aber
daß selbst der tod zur gnade uns wird

(Kurt Marti, Leichenreden. © Luchterhand Literaturverlag, Hamburg u. Zürich 1969)

Wenn ich einmal Oberförster werden sollte,
dann werde ich alle Lackaffen abknallen, alle.
Wenn ich einmal Bundespräsident werden sollte,
dann werde ich jede Mutter auszeichnen,
die ihr behindertes Kind
dreißig Jahre lang täglich viermal fütterte,
im Ernst, jede.
Wenn ich einmal Papst werden sollte,
dann werde ich jeden Kardinal exkommunizieren,
der in den letzten fünf Jahren
keinem Strafentlassenen
in seiner Verwaltung Arbeit gab,
jeden.
Wenn ich einmal achtzig werden sollte,
dann werde ich mich
– hoffentlich –
über jeden freuen,
der sich fünf Minuten zu mir setzt,
über jeden, der's ehrlich meint.

(Ulrich Bach, Millimetergeschichten. Texte zum Weitermachen, Göttingen 1981, S. 51)

15. Sonntag nach Trinitatis

Predigttext: Lukas 18,28–30

Ludwig Keller

Homiletische Vorbemerkungen

Wir verstehen diese Perikope falsch, wenn wir sie aus dem Zusammenhang von Vers 18 bis Vers 34 lösen und mit der Überschrift »Lohn der Nachfolge« versehen. Was Petrus sagt, klingt fast wie Erwiderung und Einspruch auf Jesu Wort: »Was bei den Menschen unmöglich ist, das ist bei Gott möglich.« Sieh doch uns an, meint Petrus, wir haben gekonnt, was jener Reiche nicht kann, »haben unser Eigentum verlassen und sind dir nachgefolgt«. (ta idia = Heimat, Eigentum, eigene Angelegenheiten. Die meisten Übersetzungen ziehen die Bedeutung »Eigentum« vor.) Also ist es doch wohl auch bei Menschen nicht ganz unmöglich, »daß ein Reicher in das Reich Gottes komme«. Die Frage, »Was wird uns dafür gegeben?« fehlt bei Lukas und Markus, und dadurch bekommt das Gespräch eine andere Richtung. Auch klingt bei Petrus Freude mit, die im Gegensatz steht zu der Trauer des reichen Oberen (Vers 23). Er gleicht sogar ein wenig dem Pharisäer, von dem ja kurz zuvor die Rede war: »Ich danke dir, Gott, daß ich nicht bin wie die anderen ...«. Die Antwort Jesu, zu der schließlich auch die Verse 31 bis 33 gehören, weist über die Selbstsicherheit des Petrus hinaus bis dahin, wo auch er wie das Kamel vor dem Nadelöhr stehen wird und nur durch ein Wunder zu retten ist (Vers 26: »gerettet« statt »selig«). Jesus spricht von sich selbst und seiner Erfahrung: der Haus uhnd Brüder und Eltern verlassen hat um des Reiches Gottes willen, hat »Vielfaches empfangen in dieser Zeit«: »Meine Mutter und meine Brüder sind diese, die Gottes Wort hören und tun« (Lukas 8,21); und er hat nie Mangel gelitten (22,35), sondern konnte im Gegenteil den Mangel vieler Menschen stillen. Die Familie zu verlassen, den Ort natürlicher Bindungen, wo Rechte und Pflichten sich von selbst verstehen und gesellschaftlich gefordert und gestützt werden: das bedeutet mehr, als sein Eigentum aufgeben. (Vgl. Lukas 8,19–21; 9,59f.; 14,25–27) Es kommt dem Weg zum Kreuz gleich und kann nur von dem vollzogen werden, der bereit ist, diesen Weg zu gehen. Der Weg zum Kreuz, und nur dieser, ist auch der Weg zur Auferstehung, durch die »in der zukünftigen Welt das ewige Leben« empfangen wird.

Aus dieser Auslegung ziehe ich den Schluß, daß ich den Text (wenn nicht von Vers 18 an) von Vers 24b bis Vers 34 verlese. Dabei ersetze ich in Vers 26 »selig« durch »gerettet«, in Vers 28 »Da sprach Petrus« durch »Petrus aber sprach«, und »was wir hatten« durch »unser Eigentum«, und in Vers 30 »der es nicht vielfach wieder empfange« durch »der nicht Vielfaches empfange«. – Die Predigt soll deutlich machen, daß jeder, der auch nur ein Stück weit Jesus nachfolgt, Vielfaches empfangen wird in dieser Zeit; daß wir alle aber auch dahin gelangen, wo wir dem Kamel vor dem Nadelöhr gleichen, dem dennoch Rettung versprochen wird.

Vorschläge zur Liturgie

Lieder
EKG 294; 297; 298

Fürbittengebet
Danke, Gott,
daß du uns Jesus gegeben hast,
Weg und Wahrheit und Leben.
Bitte, Gott,
gib uns auch deinen Geist.
Gib uns Weisheit und Festigkeit,
unseren Wünschen Grenzen zu setzen,
unsere Sorgen dir zu überlassen.
Gib uns Mut und Geduld,
unser Kreuz zu tragen.
Gib uns den Mut zur Liebe.
Das bitten wir auch für alle,
die uns nahestehen,
die wir lieben, die uns Sorgen machen,
die uns ängstigen oder ärgern.
Wir bitten um deinen Geist für alle,
die an diesem Ort und in unserem Land leben,
und für alle, die hier Gäste sind
oder Schutz und Zuflucht suchen.
Gib deinen Geist allen,
die regieren, die urteilen und strafen müssen.
Gib deinen Geist allen, die leiden,
den Kranken und Sterbenden,
den Traurigen, Verzweifelten und Gefangenen.
Entzünde in der Christenheit das Feuer der Liebe.
Mach uns zum Licht der Welt,
wie du verheißen hast.

Predigtvorschlag

Möglicher Anfang
»Was muß ich tun, damit ich das ewige Leben erlange?« Mit dieser Frage beginnt das Gespräch, an dessen Ende Jesus denen, die ihm nachfolgen, Vielfaches in dieser Zeit verspricht und in der zukünftigen Welt das ewige Leben. »Was muß ich tun, damit ich das ewige Leben erlange?« Hat jemand hier diese Frage schon einmal gestellt? Ist jemand heute gekommen in der Hoffung, daß ihm diese Frage beantwortet wird? Es wäre gut, wenn wir hier vor dem Gottesdienst eine Fragestunde hätten, in der jeder seine Frage aussprechen kann, mit der er heute hergekommen ist. Ich vermute, daß dann viele Fragen anfangen würden mit den Worten: »Was muß ich tun?« Was muß ich tun, damit unsere Ehe glücklich wird? Was muß ich tun, damit meine Kinder Frieden halten? ... damit meine Eltern mich ver-

stehen? ... damit ich im Beruf nicht versage? ... damit ich gesund werde? ... damit die Mißverständnisse zwischen uns geklärt werden? Und so immer weiter, ein dicker Sack voll Sorgen würde zusammenkommen, wenn wir die Fragen sammeln würden, mit denen wir hierher gekommen sind. Und das wohl jeden Sonntag aufs Neue. Im Lauf des Jahres würde daraus ein großer Kummer- und Sorgenberg werden. Zwar sind viele Leute unentwegt damit beschäftigt, diesen Berg abzutragen: Ärzte und Sozialarbeiter, Berater, Lehrer, Erfinder; und für jedes Problem gibt es auch ein paar Bücher zu kaufen, die Rat und Hilfe versprechen. Zum Glück wird auch viel geholfen. Aber die Sorgen wachsen nach, neuer Kummer stellt sich ein, der Berg wird nicht kleiner. Mit einiger Lebenserfahrung kommt jeder zu dem Ergebnis, daß diese Welt, unser Leben und wir selbst nicht so sind und nicht so werden, wie wir es uns wünschen.

Und nun? Was fangen wir mit dieser Lebenserfahrung an? Können wir lernen, zu diesem Berg von Kummer und Sorgen zu sagen: Hebe dich hinweg!? – Ja! Dazu sind wir hier. Und von Jesus können wir das lernen. Er sagt zu dem reichen Mann, der ihn gefragt hat, »Was muß ich tun, damit ich das ewige Leben erlange?«: »Verkaufe alles, was du hast, und gib das Geld den Armen!« Und als Petrus sagt »Wir haben unser Eigentum verlassen und sind dir nachgefolgt«, da antwortet Jesus ihm: »Wer das tut, wer Haus und Frau und Kinder und Eltern und Geschwister verläßt« – nicht, um es dann anderswo besser zu haben, sondern um sich vollständig der Güte Gottes auszuliefern, »der wird Vielfaches empfangen, jetzt in dieser Zeit und in der zukünftigen Welt das ewige Leben«. Das können Petrus und die anderen Frauen und Männer, die ihm gefolgt sind, bestätigen: »Ja, wir haben Vielfaches empfangen, als wir alles verlassen haben und mit dir gegangen sind.«

Weiterer Verlauf der Predigt

Erzählung von den Erfahrungen derer, die Jesus gefolgt sind. Er hat sie mittellos ausgesandt (Lukas 9,1–6; 10,1–9). Sie gewannen einen Reichtum anderer Art, den sie verschenken konnten (10,17; 9,12–17; Apostelgeschichte 3,1–9). Sie haben nie Mangel gelitten (Lukas 22,35). Sie haben Gastfreundschaft und Liebe erfahren, die sie durch ihre Mittellosigkeit provoziert haben. – Auf dem Weg mit Jesus haben sie gelernt, ihre Sorgen loszulassen und ihre Hoffnung weit über alles zu strecken, was man haben, tun oder wissen kann: auf das Reich Gottes, das ewige Leben. Schließlich haben sie sogar gelernt (mühsam), sich selbst zu verleugnen, das Kreuz auf sich zu nehmen und getrost zu sterben.

Schluß der Predigt

Wir müssen nicht nachmachen, was uns von den Männern und Frauen erzählt wird, die damals mit Jesus gingen. Wir müssen nicht unsere Familien verlassen, schon gar nicht ohne Schuhe, ohne Tasche und ohne Geld.

Eine Entscheidung aber muß jeder und jede von uns treffen: ob wir in diesem reichen Land, in dem wir leben, ein Nimmersatt sein wollen, von dem es heißt: Je mehr er hat, je mehr er will, nie schweigen seine Sorgen still – oder ob wir uns selbst und unserem Wohlstand Grenzen setzen wollen. Manche von uns haben sich schon entschieden und sagen: Mehr Geld will ich nicht haben. Statt noch mehr zu verdienen, will ich mich lieber um meine Kinder kümmern oder meine kranken Nachbarn besuchen oder ... Oder: Ich will meinem Einkommen eine Grenze setzen, und was mehr einkommt, will ich denen geben, die es nötiger haben als ich. Auf diese oder eine andere Weise dem eigenen Wohlstand Grenzen setzen, das haben wir hier im Lande Nimmersatt dringend nötig. Alle, die sich dazu entschließen, werden zwar auch dann immer wieder wie das Kamel vor dem Nadelöhr stehen und merken, daß es schwer ist, in das Reich Gottes zu kommen. Aber alle, die ihrem Wohlstand Grenzen setzen, werden auch erleben, daß sie damit ihren Sorgen Grenzen gesetzt haben und daß sie, wie Jesus gesagt hat, Vielfaches empfangen in dieser Zeit und in der zukünftigen Welt das ewige Leben. Was das ewige Leben ist, oder das Himmelreich oder das Reich Gottes, das begreifen wir ja bekanntlich nicht, können es auch nicht aus Büchern lernen. Wir bekommen aber eine Ahnung davon, wenn wir von Jesus leben lernen. Werden wir doch lernen, zu dem großen Sorgen-und-Kummerberg zu sagen: Hebe dich hinweg! Oder, mit anderen Worten, wir werden lernen, wie wir alle unsere Sorgen auf ihn werfen können, auf Gott, der für uns sorgt. Ja, schließlich werden wir von Jesus nicht nur leben lernen, sondern auch sterben; dankbar Abschied zu nehmen und uns getrost in Gottes Hand zu befehlen. Gehen wir so bei Jesus in die Schule, dann werden wir in Zukunft hier in unseren Gottesdienst nicht nur unsere Fragen und Sorgen mitbringen, sondern mehr und mehr auch unsere Freude und unseren Dank.

Kontexte

Stufen

Wie jede Blüte welkt und jede Jugend
Dem Alter weicht, blüht jede Lebensstufe,
Blüht jede Weisheit auch und jede Tugend
Zu ihrer Zeit und darf nicht ewig dauern.
Es muß das Herz bei jedem Lebensrufe
Bereit zum Abschied sein und Neubeginne,
Um sich in Tapferkeit und ohne Trauern
In andre, neue Bindungen zu geben.
Und jedem Anfang wohnt ein Zauber inne,
Der uns beschützt und der uns hilft, zu leben.
Wir sollen heiter Raum um Raum durchschreiten,
An keinem wie an einer Heimat hängen,

Der Weltgeist will nicht fesseln uns und engen,
Er will uns Stuf' um Stufe heben, weiten.
Kaum sind wir heimisch einem Lebenskreise
Und traulich eingewohnt, so droht Erschlaffen,
Nur wer bereit zu Aufbruch ist und Reise,
Mag lähmender Gewohnheit sich entraffen.
Es wird vielleicht auch noch die Todesstunde
Uns neuen Räumen jung entgegen senden,
Des Lebens Ruf an uns wird niemals enden ...
Wohlan denn, Herz, nimm Abschied und gesunde!
(Hermann Hesse, aus: Gesammelte Werke. © Suhrkamp Verlag, Frankfurt am Main 1970)

Gott hat sich niemandem versagt. Das ist gemessen mit gleichen Maßen:
Willst du Liebes haben, so mußt du Liebes lassen.
(Mechthild von Magdeburg)

dein knöterichgedanke
im muster jeengerjelieber
in den zaun gestrickt

aber ich denke den wolken nach
bis ich fliege
in den atemlosen
düsendurchschossenen
geteilten
gerauchten
seisdrum
verbrauchten himmel
(Doris Runge, Jagdlied: Gedichte. © Deutsche Verlags-Anstalt Stuttgart, 1985)

16. Sonntag nach Trinitatis

Predigttext: Klagelieder 3,22–16,31–32

Susanne Kahl-Passoth

Homiletische Vorbemerkungen

1. »Die Güte Gottes ist's, daß wir nicht gar aus sind, seine Barmherzigkeit hat noch kein Ende, sondern sie ist alle Morgen neu und deine Treue ist groß.« Die Verse, dick gedruckt in meiner Ausgabe der Lutherbibel, haben Konjunktur, vor allem bei Konfirmand/innen als Konfirmationsspruch. Sie würden sich auch gut machen in einer Sammlung biblischer Weisheiten für den Alltag. Wer diese Verse ohne ihren Kontext predigt, geht an der Brisanz dieses Textes vorbei. Ohne die Verzweiflung des Klagenden: »Und wenn ich auch schreie und rufe, so stopft er (Gott) sich die Ohren zu vor meinem Gebet«, ohne seine Hoffnungslosigkeit: »Mein Ruhm und meine Hoffnung auf Gott sind dahin«, geht dem Predigttext etwas Entscheidendes verloren. Wie kann es da auf einmal heißen: »Gedenke doch, wie ich so elend und verlassen ... Du wirst ja daran gedenken, denn meine Seele sagt mir's. Dies nehme ich zu Herzen, darum hoffe ich noch.«? Das Durchleben, Durchkämpfen von der Verzweiflung zur Hoffnung, ist ein Thema, das trauernde Menschen in Krisensituationen intensiv beschäftigt. Es gibt Zeiten, da können sie sich nicht vorstellen, je aus ihrem Elend wieder herauszufinden. So ein Text wie dieser kann da Mut machen.

2. Ein weiterer Grund, den vorgeschlagenen Predigttext zumindest um einige Verse aus der Klage (aus 3,1–19) zu erweitern, ist die Ermutigung, die in der Klage selbst steckt. Trauernde z.B. haben oft die Vorstellung, daß sie ihren Schmerz, ihre Wut über den Tod eines für sie wichtigen Menschen nicht so klar, direkt, ungefiltert Gott gegenüber aussprechen dürfen, auf gar keinen Fall Gott selber direkt angreifen dürfen. Für sie ist es eine große Überraschung, Texte aus der Bibel, wie diesen hier, kennenzulernen. Das Gefühl, von den Menschen und eben auch von Gott verlassen zu sein, kann so Worte finden und fängt damit an, etwas von seiner Bedrohung zu verlieren. Durch die Klage hindurch kann mühsam der Weg zur Hoffnung gesucht und gefunden werden. So für sich genommen kann der Text zur billigen Vertröstung verkommen oder zur Droge.

3. Als eine, die Theologie studiert hat, als Pfarrerin arbeitet, mit der reichen Tradition der Bibel, des Christentums sich immer wieder neu auseinandersetzt, lebt, sind mir die Bilder, die Sprache des Predigttextes vertraut. Von der Treue Gottes, von der im Predigttext so überzeugend geredet wird, kann ich, denke ich, auch etwas erzählen. Besonders bei meiner derzeitigen Arbeit als Landesjugendpfarrerin erlebe ich, wie immer weniger Mädchen und Jungen begreifen, daß die Botschaft des Alten und Neuen Testamentes mit ihnen und ihrem Leben etwas zu tun hat. Gottes Treue zu den Menschen ist für sie wie eine Vokabel, die sie vielleicht als Information im Konfirmanden- und Religionsunterricht aufnehmen, aber die sie nicht als Zusage für ihr eigenes Leben begreifen. Dafür gibt es viele Gründe. Die jetzt erschienene Studie »Jugend und Religion« von Heiner Barz, erstellt im Auftrag der aej (Arbeitsgemeinschaft der ev. Jugend) sollte Pflichtlektüre nicht nur eines jeden Pfarrers/einer jeden Pfarrerin sein. Sie macht deutlich, daß unsere Themen, wie z.B. die Fragen nach dem Sinn des Lebens, nach dem Unglück, Elend auf der Welt *die* Themen sind, die viele

Jugendliche beschäftigen. Zugleich sind wir aber offensichtlich nicht in der Lage, ihnen bei der Suche nach Antworten so Begleitung und Hilfestellung anzubieten, daß sie sich angesprochen, eingeladen fühlen, sich mit dem Christentum auseinanderzusetzen.
Unsere Weise, Sprache, von Gott zu reden, wird damit radikal hinterfragt. Wie werden wir eigentlich selber kenntlich in uneren Antworten? Sind sie auch für uns nur Vokabeln, Formeln oder leben wir damit? Ist Glaube für uns auch nur intime Privatsache geworden, über die man nicht redet? »Gott ist mein Teil, erquickt meine Seele; darum will ich auf ihn hoffen«, heißt es in unerem Predigttext. Ist Predigt nicht auch Ermutigung, Einladung, daß Gott zum Teil anderer wird?
4. Die Schriftstellerin Hilde Domin hat das, worum es in unserem Text mit seinem Kontext geht, so beschrieben: »Unsere Kissen sind naß von den Tränen zerstörter Träume. Aber wieder steigt aus unseren leeren, hilflosen Händen die Taube auf.«
In Berlin üben wir es jeden Tag – das Zusammenleben West/Ost – Ost/West. Wir sehen, hören, spüren, erleben, was diese Vereinigung aus, mit den Menschen macht, und zwar in beiden Teilen der Stadt: Die Armut, die sichtbar wird, weil die Mieten ins Unermeßliche steigen, Menschen keine Arbeit finden; die Wut, die von einigen in Gewalt ausagiert wird sich selber, anderen Menschen oder Gegenständen gegenüber, die Resignation, die Menschen sich zurückziehen läßt, sie so gut wie unsichtbar macht. Es hat ja doch alles keinen Sinn. Wir sind einander fremd in dieser Stadt, agieren das aus in gegenseitigen Schuldzuweisungen, Landnahmen. Es ist schwer auszuhalten, ständig hinterfragt zu werden, so wie mensch lebt, denkt, organisiert, verwaltet. Das Mißtrauen ist riesig. Wenn es irgend geht, geht mensch sich inzwischen lieber aus dem Wege. Die Freude ist schon lange vorbei, der Reiz des Neuen, die Neugier auf die, den jeweils andere(n) sind dahin. Und wir haben bisher noch keinen Weg gefunden zu einer Auseinandersetzungsform, die aus dieser Lähmung herausführt.
Gottes Barmherzigkeit hat noch kein Ende. Sie ist alle Morgen neu. Dies für die Gemeinde durchzubuchstabieren, in ihre mühselige, alltägliche Wirklichkeit hineinzusprechen, wäre Aufgabe der Predigt.
Das Erzählen des biblischen Hintergrundes des Textes kann hierbei auch eine Hilfe sein (vgl. W. Schottroffs exegetische Anmerkungen in Band III/4).

Vorschläge zur Liturgie

Lieder

EKG 336; 126; 179; 185; 205; 236; 244; 278; 282; 283; 294; 422
»Kleines Senfkorn Hoffnung« (B 190); »Gott gab uns Atem« (B 191); »Solange die Erde noch steht« (B 194); »Gottes Geist befreit zum Leben« (Kanon B 200); »Hoffen wider alle Hoffnung« (B 210); »Pflanzt den Baum der Hoffnung« (B 211)
(alle in »Mein Liederbuch 2, Oekumene heute«, tvd-Verlag, Düsseldorf)

Eingangsvoten

Gottes Barmherzigkeit und Güte hat noch kein Ende.
Uns daran zu erinnern,
das zu feiern,
sind wir hier.

Wir feiern unseren Gottesdienst
im Namen Gottes,
auf dessen Hilfe wir hoffen.

Eingangspsalm
Psalm 46, 62, 63, 85
Psalm 34
(bearbeitet; in: Du Gott, Freundin der Menschen. Heidi Rosenstock, Hanne Köhler, Kreuz Verlag, Stuttgart 1981, S. 29)

Kyrie-Gebet
Gott, alle Morgen neu ist deine Barmherzigkeit, unerschöpflich ist Deine Geduld. Wir sind eher nachtragend oder resigniert oder sind von einer verzweifelten Ungeduld, alles das wenig hilfreich zum Leben. Gott, auf Dich zu hoffen, ist Halt für unser Leben. Wir setzen unsere Hoffnungen eher auf anderes, daß es schon nicht so schlimm kommt, daß es klüger ist, auf eigene Kraft zu bauen, daß es besser ist, sich und sein Eigentum zu sichern. Angesichts unserer Bedürftigkeit, unseres Unglaubens, unserer Verzweiflung, unserer Ratlosigkeit rufen wir zu Dir: Erbarme Dich unser!

Zusage
»Gott ist unsere Zuversicht und Stärke, eine Hilfe in den großen Nöten, die uns getroffen haben.«
(Psalm 46,2)

Barmherzig und gnädig ist Gott, geduldig und von großer Güte.
(Psalm 103,8)

Kollektengebet
Vieles hat uns in der letzten Woche beschäftigt; der Körper nicht mehr so will wie früher, die Fülle von Terminen, kein Besuch, kein Anruf, Ärger mit den Kindern, die Leere, aber auch das neugeborene Enkelkind, der gelungene Abend mit der Freundin, der Brief von Sohn und Schwiegertochter, der Ausflug mit der Wandergruppe, der gelesene Roman. Nun sind wir hier, möchten uns einlassen auf die Lieder, Gebete, auf das, was Du, Gott, uns zu sagen hast. Dabei hilf uns. Amen.

Fürbittengebet
Gott, Deine Barmherzigkeit hat noch kein Ende. Erinnere uns daran, wenn wir in all den Katastrophen, Bürgerkriegen, Gewalt auf den Straßen unterzugehen drohen, wenn wir aufgeben wollen, ratlos sind, uns klein fühlen. Gott, es ist ein köstlich Ding, geduldig zu sein und auf Deine Hilfe zu hoffen. Erinnere uns daran, denn Warten, Geduld ist nicht unsere Stärke. Wir denken, wir seien der Nabel der Welt. Unser Angewiesensein, uns ein-

zugestehen, ist ein schmerzhafter Prozeß. Gott, du verstößt nicht ewig. Erinnere uns daran, wenn wir nicht herausfinden, wenn wir Mühe haben, Worte zu finden für das, was uns am Leben hindert. Gott, Dir sei Dank für Deine Treue, Deine täglich neu zu erfahrende Barmherzigkeit. Amen.

Vorschläge zur Predigt

Möglicher Predigtanfang
Liebe Gemeinde, bis die junge Frau sich freuen konnte, vergingen einige Tage: Nach fast einjähriger Arbeitslosigkeit, die für sie völlig überraschend, ohne Vorwarnung gekommen war, hatte sie eine neue Arbeitsstelle gefunden. Die Aufgabe, die da auf sie wartete, versprach eine Herausforderung zu werden. Nachdem diese großartige Nachricht tief unten in ihrer Seele angekommen, der Arbeitsvertrag unterschrieben war, wäre sie am liebsten die Straßen auf und ab getanzt, geschwebt, hätte die ganze Welt umarmen können. Aber da frau sich das doch nicht traut, strahlte sie »nur« über das ganze Gesicht und sagte: »Gott sei Dank! Dieses Suchen und Warten hat endlich ein Ende. Jetzt spüre ich, wie lähmend und belastend die letzten Monate waren. Es ist, als ob mir Säcke voller Steine von meinen Schultern gefallen sind.« Wenn überhaupt, sagen wir allenfalls »Gott sei Dank!«, nachdem uns Gutes widerfahren, etwas gelungen ist. Vielleicht schwingt ja in diesem »Gott sei Dank« etwas von dem mit, was der unbekannte Verfasser unseres Predigttextes aus den Klageliedern alles anführt, um seiner Freude, Erleichterung, Dankbarkeit Ausdruck zu verleihen? »Die Güte Gottes ist es, daß wir nicht gar aus sind, seine Barmherzigkeit hat noch kein Ende, sondern sie ist alle Morgen neu ... Es ist ein köstlich Ding, geduldig sein und auf die Hilfe Gottes hoffen.« Die Dankbarkeit und Freude findet ihren Ausdruck im Bekenntnis zu Gott, dessen Güte, Erbarmen, Treue, Freundlichkeit gelobt wird.

Zum weiteren Verlauf
Daß dieser Mann überhaupt noch danken, dieses Treuebekenntnis abgeben konnte. Der Kontext unseres Textes erzählt von der Hölle, die der Mann miterlebt hat. Er, der sehr wahrscheinlich die Eroberung und Zerstörung Jerusalems durch die Babylonier miterlebt hat, hat in seiner verzweifelten Klage sein Elend beschrieben. Gottes Zorn hatte ihn und sein Volk voll getroffen. Da heißt es u.a.: »Er hat mich ringsum eingeschlossen und mich mit Bitternis und Mühsal umgeben. Er hat mich in Finsternis versetzt wie die, die längst tot sind. Und wenn ich auch schreie und rufe, stopft er sich die Ohren zu vor meinem Gebet ... Er läßt mich den Weg verfehlen ... Meine Seele ist aus dem Frieden vertrieben; ich habe das Gute vergessen ... Mein Ruhm und meine Hoffnung auf Gott sind dahin.« Es muß ihm ungeheuer schlecht gegangen sein. Was Krieg bedeutet, wissen einige von

Ihnen aus eigener Erfahrung. Andere von uns haben Erzählungen ihrer Eltern und Großeltern im Kopf, haben Bilder von Kriegen im Fernsehen, z.B. aus der eingeschlossenen Stadt Sarajewo, gesehen. Es waren ja nicht nur die Häuser Jerusalems, der Tempel – das Heiligtum – zerstört worden. Die Menschen hatten Hunger und Durst. Die Kinder, die pflegebedürftigen Alten starben elendig auf den Straßen. Erschlagene Frauen und Männer lagen vor den zerstörten Häusern. Dazu mußten sie das Triumphgeschrei der Sieger ertragen, den Hohn- und Spottgesang: »Ist das die Stadt von der man sagte, sie sei die allerschönste, an der sich alles Land freut? ... Ha! Wir haben sie vertilgt!« (Klagelieder 2,15,16). Unser Unbekannter kann noch klagen, nicht nur vor sich hin. Er betet, hat einen Adressaten für seine Klage, Gott. Nach und nach findet er für alles das Worte, was ihm auf der Seele liegt. Er beschönigt nichts, übergeht nichts, weicht der Wirklichkeit nicht aus. Und indem er dies tut, verliert das Grauen die Macht über ihn. Er hat es ausgesprochen, Bilder für seine Gefühle gefunden, es neben sich gestellt, es Gott vor die Füße geknallt. Die Klage verändert ihn. Das Sortieren dessen, was ihn belastet, das Aussprechen des Schreckens hat Platz gemacht für's Erinnern, hat Kräfte geweckt, die unter all den Todesbildern versteckt waren: »Gedenke doch, wie ich so elend und verlassen ... Du wirst ja daran gedenken, denn meine Seele sagt mir's.« Und dann folgt das Bekenntnis des Dankes: »Die Güte Gottes ist's, daß wir nicht gar aus sind, seine Barmherzigkeit hat noch kein Ende, sondern sie ist alle Morgen neu und deine Treue ist groß.«
Das ist ein Weg, den dieses 3. Klagelied beschreibt, ein Weg der Auseinandersetzung, des Ringens mit sich, mit Gott. Er wird seine Zeit gebraucht, nach und nach das mühsam buchstabiert haben, was er gesehen, dabei gefühlt hat, gleichzeitig verbunden mit der Erwartung, daß ihm keiner, auch Gott, nicht zugehört hat. Und dann ist da auf einmal der erste Schritt aus der Höhle, der Finsternis heraus, die Zuversicht, daß Gott seiner gedenken wird. Das heißt, er begreift langsam, daß Gott die ganze Zeit bei ihm war, er derjenige war, der Gott aus dem Blick verloren hatte, die Katastrophe ihren Lauf nehmen mußte. »Gott ist mein Teil, spricht meine Seele; darum will ich auf ihn hoffen.« Diese Hoffnung, genährt aus der Geschichte Gottes mit seinem Volk, verändert nicht seine alltägliche Wirklichkeit im zerstörten Jerusalem von heute auf morgen. Aber sie hilft ihm, sich dem Grauen nicht zu ergeben, am Leben zu bleiben, etwas zu tun.

Möglicher Schluß
Gott sei Dank, ich kann wieder aufrecht gehen, wieder sehen, wieder laufen! Davon erzählt das Neue Testament, welche einschneidenden Veränderungen im Leben von Menschen die Heilung von Gebrechen durch Jesus mit sich gebracht hat.
Gott sei Dank, Gottes Barmherzigkeit gilt auch uns heute. Auch wenn wir uns von Gott und den Menschen verlassen fühlen, weil jemand gestorben

ist, den wir lieb hatten, weil wir mit uns und unserem Leben nicht zurechtkommen, weil uns Unrecht und Gewalt angetan worden ist, weil wir keine Arbeit haben, weil wir alleine sind, weil wir krank sind, der Weg der Klage, des Abladens der Lasten vor Gott, des Entdeckens der Treue Gottes zu uns, des Hoffens steht auch uns offen. Gott will nicht, daß wir gar aus sind, sondern leben. Und im Leben und Danken, im Wortefinden für seine Treue trotz unserer Untreue, wachsen uns Kräfte zu zum Leben, zum Handeln und Reden. Gott sei Dank! Amen.

Kontexte

Alle Tage
Der Krieg wird nicht mehr erklärt,
sondern fortgesetzt. Das Unerhörte
ist alltäglich geworden. Der Held
bleibt den Kämpfen fern. Der Schwache
ist in die Feuerzone gerückt.
Die Uniform des Tages ist die Geduld,
die Auszeichnung der armselige Stern
der Hoffnung über dem Herzen.

Er wird verliehen,
wenn nichts mehr geschieht,
wenn das Trommelfeuer verstummt,
wenn der Feind unsichtbar geworden ist
und der Schatten ewiger Rüstung
den Himmel bedeckt.

Er wird verliehen
für die Flucht aus den Fahnen,
für die Tapferkeit vor dem Freund,
für den Verrat unwürdiger Geheimnisse
und die Nichtachtung
jeglichen Befehls.

(Ingeborg Bachmann, Werke 1, © R. Piper & Co. Verlag, München 1978)

Indem du ein Gefühl ganz fühlst, es kennenlernst, es lebst, mitteilst, darstellst, ihm vollen Ausdruck verleihst, beginnt dieses Gefühl sich zu verwandeln. Um Kummer und Schmerz zu überwinden, mußt du sie in ihrer ganzen Tiefe erleben, sie zur Kenntnis und ernst nehmen und jemandem mitteilen.
(Ellen Bass/Laura Davis. Trotz allem, Wege zur Selbstheilung für sexuell mißbrauchte Frauen, Orlanda Frauenverlag, Berlin, 1991[3])

Erntedankfest

Predigttext: Jesaja 58,7–12

Jobst von Stuckrad-Barre

Homiletische Vorbemerkungen

1. Fasten – das Thema der nächsten Jahre, wenn es um das Zurückschrauben endlos wachsender Ansprüche in den Industriegesellschaften und die elementare Versorgung in den armen Ländern der Erde gehen wird. Dennoch möchte ich dafür plädieren, am Erntedankfest der vorgeschlagenen Perikopenabtrennung zu folgen und zumindest nicht in der historischen Fastenthematik zu verbleiben; die unter Formgesichtspunkten einleuchtende Hinzunahme von Vers 6 (s. die Exegese von Willy Schottroff) könnte dann den ersten Satz dieses Verses auslassen; sachlich kommt allerdings Vers 6 in Vers 9b zu seinem Recht, sodaß ich weiterhin beim Einsatz in Vers 7 bleiben möchte. Das Problem ist hier nicht so sehr die Auswahl als vielmehr die Gefahr der Ablösung aus dem sozialen und praktischen Bezug des Textes.

2. Die auffallende Parallelität:
Vers 7–9a Reihe I der ›Gebote‹ – Heilszusage – Gottespräsenz
Vers 9b–12 Reihe II Bedingungen – Heilszusage – Volkspräsenz
sollte stärker beachtet werden, als das in der mir zugänglichen Literatur der Fall ist; sie kann m.E. helfen, den Predigern und Theologen im Tritojesaja-Buch weiter auf die Spur zu kommen, um dann selber zur Predigt zu gelangen. Wichtig ist mir dabei, den Zusammenhang von Gotteskundgabe (Vers 9a) und Volksbenennung zu sehen. Claus Westermann (Komm. z.St.) weist auf die Unterschiede von prophetischem und Predigtstil schon im 5. Buch Mose hin, die sich auch hier zeigen. Sind bei Tritojesaja auch nicht mehr deutliche Anklänge an etwa dtn. Bundesformeln, so gipfeln doch beide Reihen in der Erkenntnis jeweils Gottes und seines Volkes. Der, der sagt: »Siehe, hier bin ich, ich bin da«, steht zu dem Volk, dessen Name »Risse schließen und ... bewohnbar machen« sein wird.
Gott, der so antwortet, erwartet ein seiner Antwort entsprechendes Tun – dem Volk, das seine Armen und Rechtlosen erkennt, gilt Gottes Licht. Hier taucht die Predigtaufgabe mitten im theologischen Zentrum des Textes auf: Gott gibt sich neu zu erkennen, ebenso wie die Seinen ihren Namen finden im noch zu gestaltenden sozialen Feld.

3. Rio – erinnern Sie sich noch an den Umweltgipfel von Rio de Janeiro und seine Deklaration und Konventionen? »Grandioses Scheitern« oder »Weichenstellung für die Zukunft«, urteilten die Beobachter vor Ort. Während ich diese Überlegungen notiere, ist der Mammut(!)-Gipfel gerade erst 14 Tage vorüber. Der erste von 27 Grundsätzen der Rio-Deklaration lauet: »Die Menschen stehen im Mittelpunkt der Bemühungen um eine nachhaltige Entwicklung (sustainable development). Ihnen steht ein gesundes und produktives Leben in Einklang mit der Natur zu.« (zit. nach der vorläufigen Übersetzung in der Südd. Zeitung v. 15.6.92). Oh ja, unsere Sprache ist imstande, diametrale Interessengegensätze ›in Einklang‹ zu bringen. Ob wir nicht deutlicher reden und vor allem lernen müssen, nicht gegen die Interessen der Armen wie der Natur zu leben? Signale genug für den notwendigen Umorientierungsprozeß gibt es – dazu gehört wohl auch und vornehmlich, daß ›die Menschen‹ ihre Mittel-

punktstellung nicht mehr als Ausbeutungsrecht, sondern vielmehr als Verantwortung begreifen. Welche Überlagerung von Motiven aus der Menschheitsgeschichte in diesem ersten Paragraphen aus Rio, Motiven mindestens aus der jüdisch-christlichen wie aus der naturrechtlichen Tradition. Hier Recht und zugleich neue soziale Wirklichkeit mit zu schaffen, steht Christen wohl an, die sich neu vor Gott und dem Nächsten sehen.

4. Die Wirkung dieser Rechtsreihen in der Antwort Gottes reicht weit, zentral ist ihre Aufnahme und Weiterführung in der Rede des wiederkommenden Christus Matthäus 25. Werden dort auch dualistische Einteilungen begründet, so ist doch nicht zu übersehen, daß Gott sich in dem Rechtlosen, Schutzlosen zeigt und so Neues schaffend zu erkennen gibt. Soziales Handeln und Gotteserkenntnis, schon bei Tritojesaja nicht mehr zu trennen, können nicht unabhängig voneinander gehalten werden. Gott offenbart seinen Namen für die, die nicht auf Kosten anderer ›ihre‹ Welt verbrauchen, die in die Lücke springen, die Wege schaffen und verbinden, was zerschlagen war. Er verknüpft sein Recht mit dem Geschick derer, die im Dunkel, an der Peripherie der Wohlstandsgesellschaften nicht leben und oft nur sterben können. Daraus wird Licht für die ganze Welt werden, so wird Gott dem Dunkel begegnen, ja, ein Ende bereiten.

Das mag ein Fasten sein!

Vorschläge zur Liturgie

Zum *Eingang* Psalm 104, vorschlagene Auswahl Verse 10–15.27–30. Auch die ersten bildhaften Verse des Psalms könnten hinzugenommen werden.

Sündenbekenntnis

Wir danken dir, daß deine Erde immer noch Leben ermöglicht, obwohl wir sie maßlos ausbeuten. Wir tun so, als wären wir die Herren der Erde und behalten ihre Reichtümer für uns. Wir kümmern uns nicht darum, ob die kommenden Generationen noch menschenwürdig leben können. Wir bitten dich für deine Schöpfung, die Erde und ihre Menschen.

Alle Herr, erbarme dich!

Wir wissen, daß Menschen hungern auf dieser reichen und fruchtbaren Erde, daß wir Milliarden verschwenden für Nichtigkeiten und für unsere Sicherheit. Wir sehen zu und nehmen in Kauf, wie Menschen dahinsterben – ohne Hoffnung. Wir bitten dich für deine Schöpfung, für die Erde und ihre Menschen.

Alle Herr, erbarme dich!

Laß uns nicht unsere Zukunft verspielen und wie blinde Narren raffen ohne Ende, weil wir mehr und mehr besitzen und alles in der Hand behalten wollen. Wir bitten dich für deine Schöpfung, die Erde und ihre Menschen.

Alle Herr, erbarme dich!

Kollektengebet

Gott, heiliger Geist, durch dich wird neu die Gestalt der Erde. Als Garten Gottes laß uns die Erde bebauen und bewahren.

(Sündenbekenntnis wie Kollektengebet sind entnommen aus: Liturgieentwürfe für das Kirchenjahr, verfaßt vom Lit. Arbeitskreis II der EKHN unter Leitung von F.K. Barth, ²Frankfurt 1985, S. 380f.)

Lieder

Neben dem zu Beginn der Predigt zitierten »Brich mit dem Hungrigen dein Brot« (z.B. in »Kirchentagsliederheft '83« unter Nr. 668). Das ›Neuwerden‹ Gottes wird im Segensmotiv variiert in EKG 298,7 – ein Grund, vielleicht einmal das ganze Lied in einem Erntedankfestgottesdienst zu singen trotz der recht quietistischen mittleren Strophen. Matthias Claudius' »Wir pflügen und wir streuen« darf wohl nicht fehlen, aber auch EKG 218 »Sonne der Gerechtigkeit« nicht, denn es ist an diesem Sonntag ein wohl angebrachtes Kyrie.

Vorschläge zur Predigt

Möglicher Predigtanfang

»Brich mit dem Hungrigen dein Brot,
sprich mit dem Sprachlosen ein Wort ...«
kein unbekanntes Lied, eins, das den altvertrauten Text auf eine neue Melodie bringt. Nur: Kann denn nicht wenigstens am Erntedankfest einmal die Freude über all die ›guten Gaben‹ vornean stehen? Gründe genug gibt es, wenigstens Danke zu sagen und darin Gott zu begegnen!

Gott begegnen, ja, doch vielleicht begegnet er uns anders als wir zunächst meinen, anders auch als ein herkömmlicher Erntedanktag ihn ›erwarten‹ läßt. Tatsächlich ist Gott schon unterwegs. Wenn wir ihn wirklich suchen und rufen, wird er antworten: »Siehe, hier bin ich, ich bin da.« Mich umschauend, sehe ich nichts als die gewohnten Menschen und Dinge. Habe ich vielleicht nicht richtig hingesehen oder nicht laut genug gerufen? Hindern mich etwa diese Mauern, die Kirche, daran, ihn wirklich anzureden, zu hören?

Schau dich um, sieh hin, höre ich und sehe den hungrigen Blick der Flüchtlinge, sehe die Obdachlosen im Park und vor den Banken – und weiß im gleichen Augenblick, daß meine Lebensweise, so sehr sie Recht und Ordnung auf ihrer Seite haben mag, Menschen abweist und abdrängt, stumm und hilflos werden läßt. Seelisch krank, nackt und bloß, körperlich am Ende, sozial nicht mehr integrierbar – wir haben so genaue Raster, mit denen wir solche Lebensläufe erklären – und uns doch gerade damit unserem Fleisch und Blut entziehen.

Oh ja, Herr, ich weiß dies alles – gerade wird eine zweite Station für Rauschgiftsüchtige in unserer Stadt begründet; der Freundeskreis der Suchtkranken genauso wie eine Gruppe von amnesty international treffen sich in unserer Gemeinde; hier habe ich gerade neue Gutscheine für »unsere« Obdachlosen, damit sie wenigstens was Festes zu essen kriegen und nicht alles für Schnaps ausgeben. Komm du, bring dein Licht in unser Dunkel, damit wir nicht nur uns selbst sehen; laß deine Gerechtigkeit aufgehen unter uns, deine Herrlichkeit – mit unserer ist es nicht weit her.
Siehe, hier bin ich, antwortet Gott. Und statt daß es uns die Schuhe auszieht – denn die Erde, auf die Gott seinen Fuß setzt ist heiliges Land –, reden wir von Strukturen und Statistik und erklären wiederum solange die Welt, bis alles beim alten bleibt. Wir können ja doch nichts ändern, zumindest uns selbst nicht – und schon bleiben die Erde und ihre Lebewesen, unsere Mitgeschöpfe wieder sich selbst, nein, der Gottlosigkeit der Menschen überlassen.

Zum weiteren Verlauf
Von den notwendigen allgemeinen Klärungen könnte nun das Tun eines einzelnen Mitmenschen an die Wiederholung und Weiterführung im Text heranbringen: Ich denke etwa …
… an die Frau, die mich anrief, weil sie sich Sorgen machte um den 80jährigen ›Penner‹. Seit über 10 Jahren hauste er unten im Keller, sie half ihm, wusch seine Sachen, badete ihn mittlerweile auch selbst, weil er immer hilfloser wurde, vermittelte kleine Besorgungen – das alles jede Woche. Tagtäglich der Gestank im Hausflur, Blicke von Hausbewohnern, Fragen, ob Stadt oder Vermieter im Krankheitsfall bürokratisch reagieren würden. Noch während unseres Gesprächs konnten wir die Vermietersfrau hinzuziehn, und das Dunkel begann sich zu lichten: Solange sie mitzureden habe, werde der alte Mann geduldet. Auch bei der Stadt später sehr verständnisvolle individuelle Reaktionen.
Gott wird dich führen und sättigen …
Doch ist die auf den Einzelfall zugeschnittene Hilfe und Handlungsweise allein einseitig – die andere Seite wird uns gegenwärtig durch die stärker werdenden Migrationsprobleme und die gleichzeitig mit dem Nord-Süd-Konflikt anzupackenden ökologischen Riesenfragen bewußt – unabweisbar, unlösbar auch?
Siehe, hier bin ich, antwortet Gott – er zeigt sich im neuen Recht für die beiseite gedrängten Mitmenschen und die außer Acht gelassene Natur. Die ihn sehen, die ihn hören, sie verändern sich ebenfalls und mit ihnen ändert sich ihre Umwelt:
»Du wirst sein wie ein bewässerter Garten und wie eine Wasserquelle, der es nie an Wasser fehlt.«
Neue Strukturen, paradiesisch geradezu, aber doch nicht in aller Ferne und nicht bar jeder Gestaltungsmöglichkeit. Der Zusammenhang von Entwick-

lung und Umweltrücksicht läßt auch Querverbindungen, Chancen, Umkehrmöglichkeiten sichtbar werden: Licht in der Finsternis, das Dunkel unserer Fragen wie die Helligkeit des Mittags; Lebens-, Überlebensweg.

Möglicher Schluß
Das Volk, das da auf Gott hört und seine Schöpfung achtet, erhält so etwas wie einen neuen Namen: »Der die Lücken zumauert und die Wege ausbessert, daß man da wohnen könne.«
Wieder aufbauen und ausbessern – dies in einer Zeit, in der Abrißmentalität und Auswechselbarkeit von Menschen viele Regierungen und Völker bestimmen (s. Konflikte im ehemaligen Jugoslawien und bei vielen anderen »Abwicklungen«; Großstädte und Slumbildungen vor allem in der »Dritten Welt« usw.). Nicht Riesenkonzepte und Allesaufeinmal-Lösungen, sondern kleine Schritte, Ausbesserungswerke, Risse, die geschlossen werden, damit man da wohnen kann. Ökonomischer und ökologischer, sozialer und politischer Friede, sie bedingen sich gegenseitig. ›Der Garten des Menschlichen‹ auf einer bewohnbaren Erde – zentrale Verantwortung ohne die gewohnte Überschätzung der Stellung des Menschen in der Natur. Fast ist aus dem Erntedankfest ein »Erdedankfest« geworden. Gott hat seinen Fuß auf die Erde gesetzt, sich selbst in die Lücke gestellt. Sein Name prägt das Handeln der Seinen, wird ein Name für uns: der, der die Risse schließt und die Wege ausbessert – zur Freude an seiner Schöpfung.

Kontexte
Aus der Rio-Deklaration (s.o. unter I,3):
»Grundsatz 4: Um nachhaltige Entwicklung zu erreichen, soll Umweltschutz ein integraler Bestandteil des Entwicklungsprozesses sein und kann von diesem nicht isoliert betrachtet werden.
Grundsatz 5: Alle Staaten und Völker sollen bei der entscheidenden Aufgabe zusammenarbeiten, die Armut auszulöschen. Dies ist unabdingbare Voraussetzung für nachhaltige Entwicklung ...«

Aus der Denkschrift der EKD von 1991 »Gemeinwohl und Eigennutz – wirtschaftliches Handeln in Verantwortung für die Zukunft«, im Auftrage des Rates der EKD hrsg. vom Kirchenamt der EKD, ²Gütersloh 1991:
Absatz 108: »Der Mensch ist von seiner Bestimmung her zur tätigen Bewahrung und Gestaltung der Erde aufgerufen. Zur Erfüllung dieser Aufgabe sind ihm als Geschöpf unter Geschöpfen von Gott her der Lebensraum der Erde und die Lebenszeit gegeben. Das bedeutet nicht absolute Herrschaft, sondern Haushalterschaft im sorgsamen Umgang mit der Schöpfung Gottes.« (Es folgt in Abs. 109 Zitat 1. Mose 1,28–30 und 3,17–19)
Absatz 111: »Neuartig sind die Gefahren für die globalen Bedingungen menschlichen Lebens und seiner natürlichen Umwelt. Diese Gefahren resultieren nicht mehr primär aus einer den Menschen gefährdenden Natur, die der Mensch um seines eigenen

Lebens willen zu beherrschen sucht. Gefahren drohen nun aus der Herrschaft über die Natur als Umwelt des Menschen. Haushalterschaft im Lebensraum Erde heißt, aus der Einsicht in den Zusammenhang aller Lebensvollzüge heraus Abstand zu nehmen von der scheinbar unaufhaltsamen Selbstläufigkeit der von Technik und Ökonomie in Gang gesetzten Prozesse und aus dieser Distanz heraus präziser die Mittel und Ziele zu bestimmen, die der Verantwortung entsprechen, die dem Menschen übertragen ist ... Die Ausweitung von Produktion und Konsum treibt einen Prozeß voran, der, von unmittelbarem Interesse aller Beteiligten bestimmt, doch langfristig dem Lebensinteresse auf der Erde zuwiderlaufen könnte.
(112) Neu ist heute das Bewußtsein dafür zu bilden, daß auch die nichtmenschliche Natur in ihren lebendigen Arten und gewachsenen Verfassungen in die Gemeinschaft des Lebens gehört, der die Verantwortung des Menschen gilt. Der Begiff des Gemeinwohls, der aus gutem Grund für das Zusammenleben unter den Menschen geprägt ist, muß erweitert werden durch die Voraussicht und Rücksicht auf die Erhaltung und erneuerte Bewahrung des Lebens in seiner Vielfalt. Diese Verantwortung muß einem Verhalten widersprechen, das auf Zerstörung der Natur hinausläuft. Daß Herrschaft auch Vernichtung bewirken kann, ist eine aus dem Politischen hinreichend und bedrückend bekannte Erfahrung. Im Verhältnis des Menschen zur Natur ist es heute eine alarmierende Einsicht. Flüsse und Meere, Berge und Wälder, Luft und Atmosphäre machen heute erfahrbar, welches globale Ausmaß solche Zerstörung annimmt.«
Diese Denkschrift könnte sinnvoll im Mittelpunkt eines Nachgesprächs zum Gottesdienst stehen, wenn eine Gruppe oder einzelne Beiträger dies vorbereiten.

Aus einer Predigt C.F. v. Weizsäckers aus 1969 zu 2. Mose 3,1–10 und 13–14 (zit. nach ders., Der Garten des Menschlichen – Beiträge zur geschichtlichen Anthropologie. © Carl Hauser Verlag, München/Wien 1977, [509–519] 518):
»Ich glaube, daß Gott da ist und da sein wird so, wie er immer da war, nämlich neu, so wie wir ihn nicht gekannt haben. Kann man das erfahren?
Man erfährt es zuerst im Dienst am Menschen. Es ist schon eine simple psychologische Erfahrung, daß Glücksträume und depressive Schrecken der Einsamkeit vor der Wirklichkeit des Mitmenschen verfliegen. Der Nächste ist der Bote Gottes.
Man kann es erfahren in der inneren Sammlung, im Gebet. Davon wissen sehr viel die großen Religionen des Ostens, denen zu begegnen heute unser Schicksal ist und die als Irrlehren abzutun ein Anklammern an den Preis der Vergangenheit wäre ... Ich glaube, sie (die Wissenschaften, d.V.) setzen in der Gestalt des Vertrauens auf die Beständigkeit der Welt die Gegenwart Gottes tatsächlich voraus. Sie könnten sich in Boten Gottes verwandeln.
Aber vor allem ist der Mitmensch der Bote Gottes. Im aktiven Leben mit dem andern entsteht für ihn und für mich ein Raum des Friedens. *(Hier mündet die Predigt ein in Gedanken zur damals wie heute unter veränderten Bedingungen aktuellen Friedensproblematik, die im Sinne der o. zit. EKD-Denkschrift um die ökologische Dimension erweitert im folgenden mitgedacht werden muß)* ... Was Mose aufgetragen wurde, war doch eine politische Aufgabe: ein Volk befreien und so erst ein Volk schaffen, ihm äußere Freiheit und inneren Frieden geben ... Über die Form des Friedens ist heute Streit. Über eines dürfte kein Streit mehr sein: daß der Friede der Welt politisch gesichert werden muß. Das ist eine neue, konkrete, diesseitige Aufgabe, die die Menschheit bisher nicht gehabt, kaum gesehen hat und heute hat. Sie ist nicht leichter als der ... Auszug aus Ägypten ... Auf diesem Weg warten auf uns schreckliche Gefahren, so schrecklich wie der Tod der Erstgeborenen, so unkalkulierbar wie der Gang durch das Schilfmeer. Die nächsten dreißig Jahre, ich weiß nicht, wie sie sein werden. Aber diesen Weg müssen wir gehen, wir sind schon ausgezogen. Auf diesem Weg wird auf eine Weise, die wir nicht wissen, Gott bei uns sein. Amen.«

18. Sonntag nach Trinitatis

Predigttext: Markus 10,17–27

Wilfried Lenzen

Homiletische Vorbemerkungen

Nicht um die Armen geht es und nicht um Gerechtigkeit und soziale Ordnung, sondern um die Reichen und um ihr Heil, ihre Rettung. Die Verse 17–22 berichten von einer gescheiterten Jüngerberufung. Ich lese sie im Zusammenhang der anderen Nachfolgeworte, z.B. Markus 8,35; 10,28–31. Im anschließenden Jüngergespräch urteilt Jesus allgemein über das Schicksal der Reichen. Hinter den Versen 23 + 25 kann eine Gemeindetradition vermutet werden, die am christlichen Armutsideal orientiert ist. Aber mit uneingelösten und uneinlösbaren Idealen läßt sich auf Dauer nicht leben. So relativiert schon die markinische Redaktion das Urteil durch den eschatologischen Ausblick in Vers 27.
An der Gesamtaussage gegen die Reichen aber läßt sich wenig herumdeuten. Jesus spricht mit einem Reichen, den er lieb hat, den er aber in der Sache konfrontiert. Er spricht mit seinen Jüngern, die sich entsetzen: Wer kann dann selig werden?
Im Duktus des Textes liegt es, daß ich meine Hörer als Reiche anspreche, daß ich mich zuerst selbst als Reichen ansprechen lasse. Das erzeugt Angst. Viele, die sich sorgen um ihren Arbeitsplatz und um ihren Wohnraum, werden sich eher zu den Bedürftigen zählen. In Zeiten gesellschaftlichen Umbruchs, in denen z.B. bei den letzten Tarifverhandlungen die Gewerkschaft ÖTV Mühe hatte, den niedrigen Abschluß ihren Mitgliedern zu vermitteln, ist die Gefahr groß, daß die Predigt gehört wird als einseitige Parteinahme und zu Mißverständnissen führt.
Zugleich wissen wir, daß wir seit Jahren über unsere Verhältnisse leben, daß wir uns auf Kosten der 3. Welt bereichern. Wir belasten unsere Umwelt zu stark. Wir können nicht so weiter machen wie bisher und müssen unseren Konsum einschränken. So wahr dieses ist, so sehr gehört es doch in den Katalog sinnvoller politischer Forderungen und nicht zuerst zum Thema der Perikope. Die Dinge gehören zusammen und sind doch unterschiedlich akzentuiert. Es ist nicht unwahrscheinilch, daß der Text im homiletischen Umfeld als weiterer Sparappell mit christlicher Idealisierung verstanden und damit abgewiesen wird. Widerstände würde ich je nach Gemeindesituaiton deshalb ansprechen.
Kann ein Reicher in den Himmel kommen? Ich möchte den soteriologischen Aspekt betonen. Dabei kann es entlastend sein, nahe am biblischen Text zu bleiben – zumal in der narrativen Form viele Einstiege und Zugänge angeboten werden. Die Predigt könnte als Homilie am Text entlang gehen.

Vorschläge zur Liturgie

Einladung zum Kyrie – Sündenbekenntnis

Gaben des Lebens hältst du, Gott, für uns bereit. Wir aber nehmen lieber das, was die Welt uns gibt. Wir binden uns und verlassen uns auf unsere Sicher-

heiten. Mit Äußerlichkeiten machen wir unser Leben leer, anstatt es anzufüllen mit dem, was uns näher zu dir bringt. Du kannst uns erfüllen, uns den Weg weisen. Darum rufen wir zu dir:
Herr, erbarme dich.

Einladung zum Gloria – Gnadenwort
Christus spricht: Wer mein Wort hört und glaubt dem, der mich gesandt hat, der hat das ewige Leben und kommt nicht in das Gericht, sondern er ist vom Tode zum Leben hindurchgedrungen. (Johannes 5,24)
Ehre sei Gott in der Höhe ...

Eingangsgebet
Daß sich unser Leben erfüllt, das wollen wir. Dabei übersehen wir oft, mit wieviel Liebe du, Gott, uns schon jetzt anschaust. Laß uns nicht vergessen, daß du, himmlischer Vater, uns gibst, was wir brauchen. Im Vertrauen auf dich und dein Wort laß uns gehen in deinem Namen. Denn von deiner Güte und Gnade leben wir gestern, heute, morgen und allezeit. Amen.

Schlußgebet
Himmlischer Vater, du weißt,
wir mühen uns um vergängliche Sachen,
wir horten und sammeln und umgeben uns mit toten Dingen.
Wir bitten dich: Hilf uns Leben!

Himmlischer Vater, du weißt,
sicher wollen wir sein und frei zugleich.
Dazu, meinen wir, helfen uns Besitz und Reichtum.
Wir aber werden oft zu Sklaven des Geldes.
Wir bitten dich: Befreie uns zum Leben!

Himmlischer Vater, du weißt,
Leben ist allenthalben bedroht
durch Gier und Neid, durch Machtgelüste und Gedankenlosigkeit
im Umgang mit Mensch und Natur.
Wir bitten dich: Erhalte du das Leben!

Himmlischer Vater, du weißt,
wieviele Menschen um ihr Leben bangen,
Kranke, die auf Gesundheit hoffen,
und Kranke, die das Ende ersehnen,
hungernde und flüchtende Menschen
im Kampf um ihre nackte Existenz.
Wir bitten dich: Gib ihnen Leben!

Himmlischer Vater, du weißt,
was wir brauchen.

Deinen Sohn Jesus Christus hast du in die Welt geschickt,
um uns zu retten.
Befreie uns aus falschen Bindungen.
Mach unser Herz und unsere Gedanken frei von falschen Sorgen.
Schenke uns neuen Mut. Gib uns ein weites Herz.
Und laß uns gehen im Vertrauen auf deine Güte,
die stark macht.
(Fürbittengebet teilweise aus: Liturgieentwürfe für das Kirchenjahr, Beratungsstelle Frankfurt 1985, S. 325f.)

Biblische Texte
Psalm 1; Psalm 25
Evangelium: Lukas 12,16–21 (statt am Erntedankfest)
Lesung: 1. Timotheus 6,6–10

Lieder
EKG 247; 254.4; 385 »In Gottes Namen fang ich an ...«
387 »Geh hin nach Gottes willen ...«
667 »Brich mit dem Hungrigen dein Brot ...«

Vorschläge für die Predigt

Möglicher Predigtanfang
Einer scheitert am Geld! – Nicht, weil er keins hätte! Nicht, weil er zu wenig davon hätte! Er hat zuviel davon! Schlimmer noch: Sein Geld, seine vielen Güter, sein Besitz, sein Reichtum »haben« ihn. Er selbst ist zum »Reichen« geworden. Er kann nicht mehr trennen zwischen sich und seinen Gütern. Er kann sie nicht mehr lassen, und sie lassen ihn nicht mehr. Er weiß nicht mehr, wer er selbst ist und wer er durch sein Geld ist. In all seinem Reichtum hat er vergessen, daß wir vor Gott mit leeren Händen dastehen – oder gar nicht.

Gedanken zum weiteren Verlauf
– Dabei geht es diesem, »der hinzuläuft« – und von dem der Evangelist Matthäus zu berichten weiß, daß er ein Jüngling sei – gar nicht um sein Geld. Er fragt nach dem ewigen Leben, nach seinem Heil. Und es ist ihm ernst mit seiner Frage. Er stellt sich Jesus in den Weg. Er fällt vor ihm nieder. – Wieviele Menschen suchen ernsthaft nach religiösen Bindungen, nach Sinn ...!
(zur weiteren Aufnahme der Frage des reichen Jünglings)
– »Was soll ich tun ... für meinen Beruf ... meine Beziehungen zu anderen Menschen ... für ein echteres, wahrhaftigeres Leben ...?« Nicht wahr, wir können etwas tun für unser Leben! Und wir fragen Fachleute, Spezialisten.

Gurus gibt es für alle Lebensbereiche. Wir fragen nach Entwürfen, Konzepten, Rezepten ... Leben erscheint planbar, machbar – auf Gedeih und Verderb. Wir sind die Täter des Lebens – ob es uns paßt oder nicht. Wir sind dazu gefordert und verdammt – für unsere Zeit und in alle Ewigkeit. »Guter Meister, was soll ich tun, daß ich das ewige Leben ererbe?«
– »... daß *ich* das ewige Leben ererbe!« Die Welt, die anderen spielen keine Rolle. Es geht um mich, um mein Heil, um mein Leben. Wie egoistisch! – Und doch auch: Wie befreiend und wie nötig ist das manchmal! »Das kann doch nicht alles gewesen sein, das bißchen Fußball und Führerschein! Da muß doch noch Leben ins Leben!« hat Wolf Biermann diese Erfahrung in Liedverse gefaßt. Zur Frage nach dem eignen Heil, nach dem, was dem Leben Tiefe und Sinn gibt, nach den Quellen meines Lebens muß ich erst kommen ... Und doch kann ich Leben nie für mich allein gewinnen! Nur in Beziehung zu anderen Menschen und zu Gott!
– *(Die Abweisung Jesu thematisieren!)* Die Frage nach dem ewigen Leben ist eine Frage nach Gott. »Was nennst du mich gut? Nur Gott ist gut!« Er ist der Herr über Leben und Tod. Jesus wendet den Blick vom Menschen weg und hin zu Gott. »Was fragst du, Mensch, was dir möglich sei zu tun, wo es doch nur Gott möglich ist?« In den Krankenhäusern, an den Grenzen unseres Lebens und mitten im Leben können wir oft genug wenig tun für unser Leben auf der Erde. Manchmal auch mag es uns gelingen, ein wenig dankbarer und erfüllter zu leben. Aber das liegt selten genug an unserem Tun. Wesentliches wird uns geschenkt. Wer begriffen hat, daß Gott gut ist, dem legt sich seine Angst, der wird getrost von Gottes Gutsein, Gottes Güte, leben.
– Was wir tun sollen, wissen wir: »Du kennst doch die Gebote!« Da haben wir genug zu tun. Das 4. Gebot und die Pflegeversicherung! Unsere Nächsten in Osteuropa und Afrika! – Schon alles getan? – Einem frommen Juden und einem kritischen Zeitgenossen stockt das Herz! Was für eine menschliche Überforderung und was für ein Größenwahn zu meinen, man habe schon alles getan. Der, »der hinzuläuft«, läßt nicht locker. Was kommt denn nach dem, was alles zu tun ist?
– Jesus schaut ihn an. Das kennen wir von ihm. Er schaut Menschen an, die er liebt und an denen er Wunder vollbringt. Er schaut die an, die er neu macht durch die Liebe Gottes. Nicht mehr um unser Wollen, unser Tun geht es. Sondern um unser Sein, unser Wesen, um die Tiefe unserer Existenz. »Eins fehlt dir!« Den radikalen Mangel, das Fehlen in der menschlichen Existenz ahnen wir in unserem Fragen ...
– Dabei brauchen wir Geld. »Unser tägliches Brot gib uns heute ...« Jesus selbst hat uns gelehrt, so zu beten. Er kennt unsere Sorgen. Aber wissen wir noch, was das tägliche Brot ist? Oder sind wir längst zu Sklaven des Geldes geworden? In der Hoffnung auf Sicherheit und Freiheit sorgen wir und sind längst über das Ziel hinausgeschossen. Geld beruhigt, aber es macht nicht unbedingt glücklich – sagt die Volksweisheit. Sicherheitsbedürfnis und Angst in der Welt diktieren weitgehend unsere Handeln.

– *(Erfahrungen mit Loslassen, Abgeben, Verzicht könnten geschildert werden, z.B. der Gewinn durch die Erfahrung einer Fastenwoche, eines Fastenmonats. Verzicht auf Konsum und den Nutzen des Reichtums, z.B. das Auto; ein eigenes Beispiel:)* Ich lege so viele Wege, wie mir möglich sind, mit dem Fahrrad zurück. Dabei mache ich eine auf den ersten Blick paradoxe Erfahrung: Ich gewinne Zeit. Ich habe mehr Zeit. Ich komme pünktlicher. Ich bin weniger gehetzt. Natürlich fahre ich nicht schneller mit dem Fahrrad als mit dem Auto. Aber das Radfahren verändert mich, veärndert meine Einstellung zu meiner Zeit, zu den Orten, in denen ich lebe und zu den Menschen, mit denen ich lebe und arbeite.
Ein anderes Beispiel könnte im Anschluß an Fromm (s. Kontexte) gefunden werden: Das Bedürfnis zu geben und zu teilen ... vermehrt die wahre Liebe.

Möglicher Schluß
Der reiche Jüngling ist ein tragischer Held, der es gut meint und doch scheitert. Diese Wahrheit ist auf den ersten Blick unangenehm. Doch spüre ich in ihr eine befreiende Kraft, von der wir manchmal tief in uns etwas ahnen. Ist es nicht so: Je weniger wir uns mit materiellen Dingen beschäftigen, je weniger unsre Gedanken um tote Dinge kreisen, um so freier sind wir für andere Menschen und das lebendige Dasein? Je weniger Reichtümer wir um unseres Selbstwertgefühls brauchen, um so reicher sind wir an unserer Seele?
Und doch: Das ewige Leben ist nicht zu »haben«, wie wir Güter in der Welt bekommen und ist nicht einfach einzutauschen. Wer sich das ewige Leben verdienen will, der wird scheitern!
Daß wir Menschen einmal frei sein könnten von der Sorge um uns selbst und aus dem Vertrauen leben könnten, daß es genug ist, daß unser Vater im Himmel für uns sorgt, ist eine tiefe Sehnsucht. Daß diese Sehnsucht nicht untergeht und in uns wach bleibt, sind wir unseren Kindern schuldig. Daß sie Wirklichkeit wird und wir in ihr leben, bleibt Gottes Verheißung an uns: Den Menschen ist es unmöglich, aber alle Dinge sind möglich bei Gott.

Kontexte

Das Bedürfnis, zu geben und zu teilen, und die Bereitschaft, für andere Opfer zu bringen, sind ... immer noch zu finden ... Der Wunsch zu geben motiviert alle jene, die ohne Vergütung ihr Blut spenden; ähnlich selbstlos ist das Verhalten von Menschen, die ihr Leben riskieren, um das anderer zu retten. Die Bereitschaft zu schenken manifestiert sich in jedem, der wirklich liebt ... Wahre Liebe vermehrt die Fähigkeit zu lieben und anderen etwas zu geben. In der Liebe zu einem bestimmten Menschen liebt der wahre Liebende die ganze Welt. Es gibt nicht wenige Menschen, hauptsächlich jüngere, die den Luxus und die Selbstsucht nicht ertragen können, die sie in ihren wohlhabenden Familien umgibt. Ganz im Gegensatz zu den Erwartungen ihrer Eltern, die meinen, daß ihre Kinder »alles haben, was sie sich wünschen« rebel-

lieren diese gegen ihr totes und isoliertes Leben. Denn in Wirklichkeit haben sie »nicht alles, was sie sich wünschen« und sie sehnen sich nach dem, was sie nicht haben.
(Erich Fromm, Haben oder Sein, Die seelischen Grundlagen einer neuen Gesellschaft, Deutsche Verlagsanstalt Stuttgart, 11. Aufl. 1979)

Zunächst sollen wir frei von eigenen Dingen und Handlungen sein. Das heißt nicht, daß wir weder etwas besitzen noch daß wir nichts tun sollen; es bedeutet, daß wir an das, was wir besitzen und tun, nicht gebunden, gefesselt, gekettet sein sollen – nicht einmal an Gott ...
Sein ist Leben, Aktivität, Geburt, Erneuerung, Ausfließen, Verströmen, Produktivität. In diesem Sinn ist es das Gegenteil von Haben, von Ichbindung und Egoismus ...
Das Ausbrechen aus dem Habenmodus ist die Voraussetzung jeder echten Aktivität.
(Erich Fromm zur Auseiandersetzung mit Meister Eckhart, in: Haben oder Sein, a.a.O.)

Die Menschen sollten nicht so sehr bedenken, was sie *tun* sollen, sondern was sie *sind*.
(Meister Eckhart)

19. Sonntag nach Trinitatis

Predigttext: Markus 1,32–39

Klaus Zillessen

Theologisch-homiletische Skizze

1. Der Predigttext ist eine *summarische Darstellung* der Wirksamkeit Jesu durch den Evangelisten Markus. Summarien sind uns Predigern meist unwillkommen. In ihrem Verallgemeinern und Pauschalieren *fehlt* es ihnen oft an Konkretheit und Farbe. Berichte wie die, die unserem Predigttext folgen (Heilung des Aussätzigen und des Gichtbrüchigen – Markus 1,40ff. und 2,1ff.), sind ungleich fesselnder und reizen eher zum Predigen, vielleicht zur (schweren Kunst einer) narrativen Verkündigung. Mögen Summarien farbloser und homiletisch schwieriger sein, so sind sie doch in der Regel *theologisch profilierter* als jene Einzelberichte. Hier in den Summarien gibt ja der Evangelist seine Sicht der Dinge, seine Interpretation der Wirksamkeit Jesu, seine Deutung der Jesusereignisse zu erkennen. Hier kann er Schwerpunkte setzen und zeigen, worauf es ihm ankommt (z.B.: vollmächtige Verkündigung und Heilungswunder gehören zusammen; Wunderheilung ist nur Bestätigung der vollmächtigen Rede Jesu; mehrpolare Strukturen des Lebens Jesu; Messiasgeheimnis).
2. Die homiletische Klippe speziell dieses Abschnittes aus Markus 1 ist, daß die Predigt entweder zu summarisch, pauschal und allgemein bleibt, oder daß sie auseinanderfällt in viele Einzelposten, Summanden dieser Summe.
Mein Vorschlag für eine Predigt über diesen Text: *Wir erschließen unseren Predigttext vom Wochenspruch (der 19. Woche nach Trinitatis) her*: »Heile du mich Herr, so werde ich heil; hilf du mir, so ist mir geholfen« (Jeremia 17,14). Von daher lassen sich die Einzelaussagen des Predigttextes sowohl bündeln als auch entfalten. Wenn der christologische Titel »Heiland« nicht so hoffnungslos altmodisch klänge, könnte das eine Predigt über »den Heiland« werden: Was war heil im Leben Jesu? Was ist heilsam (für uns) am Leben und Wirken Jesu? – Gesundheit, gesundes Leben, Heilkräfte und Heilmittel sind werbewirksame Modethemen; Heilen, Heilungsgebet, Handauflegung finden zunehmend auch in christlichen und religiösen Gruppen außerhalb und innerhalb der Kirchen (z.B. im Umkreis der charismatischen Gemeindeerneuerung) starkes Interesse, oft in naiver und in problematischer Art und Weise. Eine kritische Rückbesinnung auf den, der gesagt hat »ICH bin der Herr, dein Arzt« und auf das Heilen des »Heilandes« ist da sehr sinnvoll: »Zu Risiken und Nebenwirkungen dieser (eurer) Medikamente (und Mittelchen) fragen Sie bitte Ihren Arzt«! (Das könnte schon der Einstieg zur Predigt sein.)

Die weitere *Gliederung:*
1. Was ist heil im Leben Jesu (des »Heilands«)?
a) der rhythmische Wechsel der Orte:
- Synagoge (Vers 21–29, Vers 39)
- ein Haus in Kapernaum (Vers 29–34)
- eine einsame Stätte (Vers 29–34)
- andere Städte (Vers 39)

b) der rhythmische Wechsel der Zeiten:
- am Sabbat (Vers 21ff.)

– am Abend, als die Sonne untergegangen war (Vers 32ff.)
– am Morgen, noch vor Tage (Vers 35)
c) der rhythmische Wechsel in der Wirksamkeit Jesu:
– Lehre und Predigt in Vollmacht (Verse 21ff., 38f.)
– Gebet (Vers 35)
2. Was ist (für uns) heilsam am Wirken Jesu (des »Heilands«)?
a) Seine vollmächtige Predigt und Lehre,
b) sein Heilen (als Befreiung von Fremdbestimmung),
c) ... daß er sich uns zu Zeiten entzieht – um für andere dazusein (Vers 38).
Der *Predigtschluß* sollte die Bitte (des Wochenspruchs) sein:
»Heile du mich Herr, so werde ich heil;
hilf du mir, so ist mir geholfen.«

Vorschläge zur Liturgie

Als *Eingangsspruch* oder als *Kyriebitte*:
»Heile du mich Herr, so werde ich heil,
hilf du mir, so ist mir geholfen.«
(Wochenspruch Jesaja 17,14, der sich als roter Faden durch den Gottesdienst ziehen könnte.)

Gnadenspruch (zum Gloria):
»Seid getrost und fürchtet euch nicht, seht, da ist euer Gott. Er wird euch helfen. Dann werden die Augen der Blinden aufgetan und die Ohren der Tauben geöffnet werden. Dann werden die Lahmen springen wie ein Hirsch, und die Zunge der Stummen wird frohlocken« (Jesaja 35,4–6).

Eingangs- oder Kollektengebet:
Herr unser Gott, du bist gekommen, um unser Leben ganz und heil zu machen. Wir brauchen deine Gegenwart, um genesen, hoffen und leben zu können. Du weißt, wie gefährdet und krank wir sind. Wir vertrauen auf deine Barmherzigkeit.
(nach: Badische Agende, 10. Lieferung 1988).

Liedverse
EKG 227, vor allem Vers 4 – nach der Predigt –
»Ein Arzt ist uns gegeben,
der selber ist das Leben ...«
EKG 197, 198, vor allem Vers 6 (als Lobvers nach dem Gnadenspruch)
»Er ist das Licht der Blinden,
erleuchtet ihr Gesicht,
und die sich schwach befinden
die stellt er aufgericht't ...«

Schlußgebet

Gott, du unser Arzt und Heiland, wir danken dir, daß dein heilsames Wort uns erreicht, deine heilenden Hände uns anrühren. Ordne unser ganzes Leben in heilsamem Wechsel von Gebet und Arbeit, Hören und Tun, Gottesdienst und Dienst am Nächsten. Laß uns auch ertragen und verstehen, wenn du zu Zeiten uns zumutest, eine Last, eine Krankheit allein zu tragen, während du diesmal dich anderen hilfreich zuwenden willst.

Wir bitten dich für alle, die unter der Last von Krankheiten, Besessenheiten und Süchten leiden, für die Patienten im Krankenhaus drüben, die Pflegebedürftigen im Altenheim an der ... Straße, die Drogenabhängigen am Bahnhofsvorplatz ..., die Hungernden, Ratlosen, von Kriegen und Katastrophen Heimgesuchten in fernen Ländern und Erdteilen. Sei und bleibe unser aller Arzt und Heiland, bis du einmal alle Tränen von unseren Augen abgewischt haben wirst, kein Leid, kein Geschrei und kein Schmerz mehr sein wird, weil alles heil, ganz und neu geworden ist durch dich. Amen.

Predigtskizze

Möglicher Predigtanfang

»Zu Risiken und Nebenwirkungen fragen Sie bitte Ihren Arzt«, so empfiehlt uns jedesmal eine Stimme oder ein eingeblendeter Text, wenn im Fernsehen für Heilmittel geworben wird. – Kaum ein Thema beschäftigt uns in Gesprächen mehr als unsere gesundheitlichen Probleme, unsere ernsten Krankheiten oder unsere Wehwehchen, unsere Sorge um unsere Gesundheit und unsere Ängste vor schwerer Krankheit. Wir belegen in der Volkshochschule Kurse in »gesunder Ernährung« und »gesunder Lebensführung«, fahnden nach dem, was in Gesellschaft und Umwelt krank macht. Wir gebrauchen unsere Mittel und Mittelchen – einige sollen »Wunder wirken« – haben unsere ganz besonderen Therapiemethoden, unsere Haus- (und Mode-)Ärzte, unsere Heilpraktiker, Homöopathen oder Heiler. Und auch in christlichen Gemeinden und Gruppen in und außerhalb der Kirche praktiziert man vermehrt da und dort (oft unkritisch, theologisch naiv und geistlich problematisch) Heilungsmethoden wie »Handauflegung«, »Heilungsgebet« ... Auch da möchte man manchmal warnen: »Zu Risiken und Nebenwirkungen fragen Sie bitte Ihren Arzt!« Unseren Arzt – damit meine ich den, der gesagt hat »Ich bin der Herr, dein Arzt« (2. Mose 15,26) oder ihn, den alte Gesangbuchlieder den »Heiland« nennen. So wollen wir jetzt anhand unseres Bibelabschnittes fragen: Was war in den Lebensstrukturen Jesu Christi heil und was ist an seinem Leben und Wirken (für uns) heilsam?

Zum weiteren Verlauf

a) Heile Strukturen im Leben Jesu:

Das springt aus unserem Bibeltext ins Auge – und ich denke, das hat etwas mit dem Heilsein des Lebens Jesu zu tun –:

Der Rhythmus von wechselnden Orten, Zeiten und Tun. Bald finden wir Jesus in der *Synagoge*, dem Ort, wo Menschen sich als Gottes Volk treffen, auf sein Wort, seine Botschaft hören. Dann begegnen wir ihm in den *Häusern* der Menschen, an den Brennpunkten ihrer Not: im Haus der fieberkranken Schwiegermutter des Petrus oder »draußen vor der Tür« an der Straße, wo das ganze Elend der Stadt sich versammelt hat. Dann wieder finden wir ihn fern von allen Menschen »an einer einsamen Stätte«, dann wieder *»in andern Ortschaften Galiläas*, in deren Synagogen, in deren Häusern, auf deren Straßen ...

Diesem Ortswechsel entspricht ein rhythmischer Wechsel im Ablauf der Zeiten: In der Synagoge ist er am Sabbat (Vers 21), in der Kühle des Abends, »als die Sonne untergegangen war«, bei den Kranken und Besessenen, »am Morgen, noch vor Tage« beim Gebet an einsamer Stätte.

Und wieder entspricht jenem Wechsel von Orten und Zeiten ein ryhthmischer Wechsel von besonderem Tun, das diesen Orten und Zeiten zugeordnet ist: Das Hören und Lehren in der Synagoge, das Gebet, das Gespräch mit dem Vater im Himmel in der Einsamkeit des frühen Morgens. – Manche Ausleger vermuten, daß in diesen Zeit- und Ortsangaben des Evangelisten sich jüdische und frühchristliche Lebensordnungen und geistliche Erfahrungen widerspiegeln, die um den gesunden Wechselrhythmus von Gebet und Arbeit, Gottesdienst und Dienst am Nächsten, wissen: dem gesunden Wechsel von Einatmen und Ausatmendürfen, Kraft schöpfen und Kraft schenken können, Nähe und Distanz zu sich, zu Gott und zu anderen ...

Die Mönchsgemeinschaften seit dem Mittelalter leben in solchem Rhythmus von gemeinsamem Gebet, Arbeit und Meditation des Einzelnen. Wir selber werden unsere eigenen guten Erfahrungen mit dem Rhythmus des Kirchenjahres, seinen Zeiten und Festen, dem Wochenrhythmus von Sonntagsgottesdienst und Wochenarbeit, dem Tagesrhythmus von Morgenandacht, Arbeit, Mittagsmahl, Feierabend und Nachtgebet gemacht haben ... Ich denke, daß dieser rhythmische Wechsel von Zeiten, Orten und Tun ein Zeichen von gesundem Leben ist, selbst ein Stück geistlicher Hygiene und Heilsein in meinem (so wie in Jesu) Leben bedeutet.

b) Was am Wirken Jesu ist heilsam für uns?

Vor allem sein Wort, seine Verkündigung, seine vollmächtige *Lehre!* Dem Evangelisten Markus kommt es offensichtlich darauf an, dies zu betonen: Wer Jesus ausschließlich oder in erster Linie als Heiler und Wunderdoktor versteht, hat ihn mißverstanden. Solchen Wünschen und Erwartungen entzieht er sich: »Laß uns anderswohin gehen, daß ich dort predige, denn dazu bin ich gekommen ...«. Solchen Bekenntnissen zum Wundertäter (– wie sie auch die Dämonen aussprechen können) gebietet er Einhalt: »Verstumme«! In erster Linie ist es Jesu vollmächtiges *Wort*, das heilsam für uns ist, nicht nur die hohen Weisungen und Lehren, wie sie Matthäus dann in der Bergpredigt zusammengestellt hat, sondern auch die geistvollen farbigen Gleichnisgeschichten, die Lukas gesammelt hat – und die Worte und Gespräche, die im Markusevangelium die Heilungsberichte begleiten, erweitern und vertiefen.

Aber auch das *Heilen* gehört dazu. Allerdings tun wir gut daran, genauer hinzuschauen, worum es beim Heilen Jesu geht. Doch wohl nicht darum, daß mein funktionsuntüchtiger Körper wieder funktionstüchtig gemacht, repariert wird, sodaß ich wieder tun kann, was ich schon immer tun wollte! Seine Heilungen sind vielmehr *Befreiungstaten*, Befreiung von Fremdbestimmung durch anderes. Es wird ja nicht einfach von »Kranken« gesprochen (deren Organe und körperlichen Funktionen beeinträchtigt sind), sondern von »Besessenen«, »Beladenen«, von unguten »bösen Geistern« Bescherrschten. Jesu Heilungstaten sind Befreiungen von falscher Fremdbestimmung. Und wenn seine guten Freunde, darunter Simon, den man später den Petrus nannte, ihn für sich vereinnahmen, über ihn bestimmen wollen (»Komm, jedermann sucht dich, braucht dich«), dann entzieht er sich denen, die ihn vereinnahmen wollen: »Laßt uns anderswohin gehen ...«, oder er geht hinaus zum Gespräch mit dem Vater, das ihn unabhängig macht von der Fremdbestimmung durch die anderen. Jesus *entzieht sich* ... – Ich denke, daß auch das heilsam für uns sein kann, gelegentlich zu erfahren, daß Jesus unsere Krankheit, unsere Not diesmal *nicht* heilt, sondern die Not anderer an anderen Orten sich zu Herzen gehen läßt, dort, bei anderen (und nicht bei mir) spricht und heilt ...

Vielleicht ist auch diese »bittere Pille« eine Tat der Heilung: Sie befreit mich von der Fremdbestimmung meiner kranken Ichbezogenheit, die meint, »mein Heiland« müsse (zu allererst und vor allen andern) für *mich* dasein ...

Möglicher Schluß

Wir wollten im Nachdenken über unsere Predigttext »den Herrn, unsern Arzt« fragen, was heilsam für uns ist und wie heiles Leben aussehen könne. Wir haben Antworten bekommen, Antworten, die uns zur Bitte (des Wochenspruchs) führen:

»Heile DU mich, Herr, so werde ich heil;
Hilf DU mir, so ist mir geholfen.«

Kontexte

Zu dem Gedanken vom heilsamen Lebensrhythmus (wechselnder Orte, Zeiten und Handlungen) fiel mir Goethes Gedicht (aus dem »west-östlichen Divan«) ein:

Im Atemholen sind zweierlei Gnaden:
Die Luft einziehen, sich ihrer Entladen;
Jenes bedrängt, dieses erfrischt.
So wunderbar ist das Leben gemischt.
Du danke Gott, wenn er dich preßt,
und dank ihm, wenn er dich wieder entläßt.

Nachdem die neuen 20-DM-Scheine das Portrait Annette von Droste-Hülshoffs tragen, ist es angebracht, daran zu erinnern, daß diese Dichterin unter dem Titel »Geistliches Jahr« einen Zyklus geistlicher Gedichte zu allen Sonntagen des Kirchenjahres geschrieben hat! Das Gedicht für den 19. Sonntag nach Trinitatis (bei A.v.D.H.: »Am 20. Sonntag nach Pfingsten«) knüpft an das Sonntagsevangelium von der Heilung des Gichtbrüchigen an. So schwer zugänglich und fremd uns diese (romantische, katholische, individualistische, naturmystische ...) Frömmigkeit auch ist, so anregend ist sie, gerade auch in ihrer Fremdartigkeit. Ich habe mir vorgenommen, in den nächsten Monaten bei jeder Predigtvorbereitung Annettes Gedicht zum jeweiligen Sonntagsevangelium zu lesen. (A. v. Droste-Hülshoff, Sämtliche Werke in zwei Bänden, herausgegeben von Günter Weydt und Winfried Wösler, im Winkler-Verlag, München, 1973, Band I S. 564ff.).

20. Sonntag nach Trinitatis

Predigttext: 1. Mose 8,18–22

Werner Gottwald

Theologisch-homiletische Skizze

»Dank für die Bewahrung und Hoffnung auf weitere Bewahrung« (Exegese in Band III/4) drückt Noah durch sein Opfer aus. Beide Gefühle sind für mich »Grundgefühle« eines Glaubens, der mit dem Dabeisein Gottes mit seiner Schöpfung rechnet (creatio continua). Ich möchte dem Hörer helfen, dieses »Dabeisein Gottes« zu erahnen und beide »Grundgefühle« in sich wahrzunehmen. Dazu führe ich ihn an Situationen in seinem Leben heran, die der des Noah vergleichbar sind. Den Transfer vom Erleben Noahs auf das des Hörers bahne ich an durch ein erzähltes Beispiel. Aufgrund meiner Klinikerfahrung wähle ich eine geglückte Operation nach einem Herzinfarkt. Das Beispiel dürfte auch allgemein nachvollziehbar sein. Allerdings wird dadurch die weltweite Perspektive der Sintflutgeschichte auf Individualgeschichte reduziert. Aus exegetischen, dogmatischen und seelsorgerlichen Gründen finde ich es unangemessen, bei einer Bedrohungssituation (»Sintflut«) einzusetzen, um dann auf dieser Negativfolie das bewahrende Handeln Gottes aufzuzeigen. Ich versuche, die bedrohliche Situation von der Erfahrung der Bewahrung her und auf sie hin in den Blick zu bekommen. Immerhin lautet der erste Satz des Textes: »Da kam Noah heraus.« (Meditieren Sie doch einmal allein diesen Satz.) Nachdem die Beispielerzählung am ersten Ziel »Dank für die Bewahrung« angelangt ist, unterbreche ich sie und vergleiche ihre Struktur mit der der Noahgeschichte. Anhand der zeitübergreifenden Struktur kann nun der Hörer vergleichbare Situationen in seinem Leben suchen. Dafür, und um das Gefühl des Dankes für die Bewahrung nachzuerleben, braucht er Zeit. Ein musikalisches Zwischenspiel soll dies ermöglichen. Eine Variation zu dem bekannten Lied »Danke« halte ich für besonders geeignet. Es hält den Hörer am Gefühl der Dankbarkeit und läßt ihn nicht in die bedrohliche Situation gedanklich und gefühlsmäßig zurückfallen. Der weitverbreiteten »Man-muß-Gott-für-alles-danken«-Mentalität ist, um der Tiefe des Gefühles des Dankes willen, zu wehren.

Das zweite Ziel »Hoffnung auf weitere Bewahrung« möchte ich erreichen, indem der Hörer anhand der Gedanken der Frau des Herzinfarktspatienten Schritt für Schritt hingeführt wird zu der Entdeckung, daß das all-tägliche Leben nicht selbstverständlich, sondern – in der Perspektive des Glaubens – ständige Bewahrung ist. Die »Bestandsgarantie« Gottes (siehe Exegese in III/4) wird in die Vergangenheit blickend erkannt und dann in die Zukunft als Hoffnung gewendet. Aber gerade diese »Bestandsgarantie« stellt den Prediger (und den Hörer), wenn er auch die Erfahrung der Nicht-Bewahrung ernst nehmen will, unausweichbar vor die Frage, wie »total« er diese »Bestandsgarantie« angesichts atomarer, biologischer, ökologischer u.a. Vernichtungspotentiale des Menschen, ja angesichts des »nicht-bewahrten« Lebens und des Todes versteht. Unter der Meditation des Ostergeschehens und seiner Zukunftsperspektive wage ich »mit wackeligen Knien, aber voller Hoffnung« diese Bestandszusage auch hier nachzusprechen. Bei dieser Frage, wie auch bei einer Predigt mit Schwerpunkt auf den »Ordnungen Gottes«, sollte das Verhältnis von Schöpfung (»Schöpfungsordnungen«) und Christusoffenbarung bedacht worden sein.

Zum Schluß werden anhand des dritten Teiles der Erzählung beide Gefühle noch einmal symbolisch und gleichzeitig als Möglichkeit für eigenes Handeln ausgedrückt. Die Erzählung macht einen Vorschlag (Gebet und Anzünden einer Kerze); andere sind denkbar (z.B. Dankopfer; Kirchensteuer).

Der Text läuft einer modernen Untergangsstimmung konträr, indem er die letztgültige Bewahrung verheißt; aber er widerstreitet auch einem leichtfertigen Optimismus, indem er das – für den Humanismus schwer erträgliche – radikale Bösesein des Menschen aussagt (vgl. CA II).

Vorschläge zur Liturgie

Die Vorschläge nehmen das Thema der Predigt auf.

Lieder

EKG: 227; 228; 230; 231; 233,3–8; 236; 347.

Aus: Auf und macht die Herzen weit, Liederheft für die Gemeinde, hg. i.A. des LKR der Evang.-Luth. Kirche in Bayern: 658 Ausgang und Eingang (Kanon); 659 Von guten Mächten; 660 Fürchte dich nicht; 668 Ich werfe meine Fragen hinüber; 689 Danke.

Voten (Eingang, Gloria)

Genesis 8,22; Exodus 34,6; Hiob 10,12; Psalm 16,1; 25,20; 40,18; Klagelieder 3,21–26; Römer 2,4; 10,13

Lesungen

Psalm 91 (!); 118; Apokalypse 21,1–6. Die Auslegung Martin Luthers des 1. Artikels des Glaubensbekenntnisses (»... und noch erhält«) im Kleinen Katechismus (EKG S. 695). Oder nur den ersten Artikel mit Auslegung anstelle des Glaubensbekenntnisses sprechen. Geschichte »Fußspuren« (u.a. veröffentlicht in: Vom Heilwerden, Andachten für Kranke, K.A. Lennert, Brockhaus, S. 19. Auch als Hinführung zum Gloria denkbar.)

Vorbereitungsgebet

Zu Beginn des Gottesdienstes wollen wir uns besinnen und das Erbarmen Gottes auf uns herabrufen.

Unser Gott, wir sind nicht besser als die Menschen vergangener Zeiten. Uns und dir gestehen wir ein, daß wir nicht immer mit deinem Dabeisein mit uns und deiner Welt rechnen. Das zeigt sich zuweilen ganz konkret. In der Stille bringen wir unsere Schuld vor dich:

Gebetsstille

»Das Trachten des Menschen ist böse« – dies gilt auch von uns.

So bitten wir dich, gnädiger Gott, um dein Erbarmen.

Kyrie – Gnadenzuspruch: Genesis 8,21f.

Gebet
Guter Gott, du hast uns unser Leben gegeben und bisher gnädig erhalten. Dafür danken wir dir. Wir bitten dich: Behüte uns auch weiterhin an Leib und Seele, und schenke uns ein Leben unter deinem Segen. Durch unseren Herrn und Bruder Jesus Christus, der mit dir und dem Heiligen Geist lebt und regiert von Ewigkeit zu Ewigkeit.
Alternative: Luthers Morgensegen, EKG S. 655

Fürbittengebet
Guter Gott, es ist nicht unser Verdienst, wenn wir gut dran sind: wenn wir in geordneten Verhältnissen leben, eine Wohnung und genug zu essen haben. Es ist nicht unser Verdienst, wenn wir zu unseren Ehepartnern, Eltern, Kindern, Verwandten und Nachbarn ein gutes Verhältnis haben. Es ist nicht unser Verdienst, wenn wir von manchen Sorgen, die andere haben, verschont bleiben. Es ist nicht unser Verdienst, wenn wir in gefährlichen Situationen wunderbar behütet und bewahrt wurden. Es ist nicht unser Verdienst, daß du, barmherziger Gott, uns jeden Morgen neu das Geschenk deiner Liebe machst. Wir vergessen oft, daß dies alles nicht selbstverständlich ist. Es ist allein deine Barmherzigkeit, der wir das alles verdanken. Dafür danken wir dir von Herzen und bitten dich: Öffne durch diese Einsicht unsere Augen für den Mitmenschen, der / … leidet an Leib und Seele / … Sorgen hat / …
Guter Gott, wir erfahren deine Liebe und möchten sie gerne mit unseren Möglichkeiten weitergeben. Wirke in uns mit deinem Heiligen Geist.
(Nach: Burkhard Heim, Beten im Gottesdienst. Neue Folge, S. 47; siehe dort auch das Fürbittengebet S. 131.)

Vorschläge zur Predigt

Da gehen sie heraus, er und seine Frau. Sie bleiben stehen; drehen sich um – schauen noch einmal zurück. Er atmet hörbar aus, gerade so, als wolle er alles Zurückliegende dabei loslassen und sagt: »Gott sei Dank!« Und sie denkt sich: »Hoffentlich nie wieder!« Er legt seinen Arm um ihre Schulter. Sie schiebt ihren Arm um seine Taille. In der anderen Hand trägt jeder einen Koffer. So gehen sie zum Auto. Schweigend und erleichtert.
An der ersten Kirche, an der sie vorbeikommen, hält er den Wagen an. Sie betreten die Kirche. Rutschen in eine der vorderen Bänke. Schweigend sitzen sie da. Betrachten das Kreuz, den Altar; hören auf ihre Gedanken:
»Ich lebe. Sitze hier. Meine Frau neben mir. Danke! Es war furchtbar. Es kam so plötzlich. Seit 23 Jahren war ich nicht mehr krank. Na gut, ab und zu ein kleiner Druck in der Brust. Aber der hat ja immer wieder aufgehört. Aber der Ärger im Büro in letzter Zeit, der Tod meiner Mutter. Das war zuviel. Furchtbarer Schmerz in der Brust. Krümmen – zu Boden gehen – kaum noch Luft. Dann: Angst – Dunkelheit. Was dann war, weiß ich nicht mehr.

Erst wieder das Öffnen der Augen. Schmerzen – aber ich lebe. Jetzt sitze ich wieder hier – zwei Wochen nach meinem Herzinfarkt. Ich bin noch einmal davongekommen. Danke!«

Liebe Gemeinde, warum erzähle ich Ihnen diese Geschichte? Dieser Mann hat – wie ich meine – ähnliches erlebt wie Noah. Auch er erlebte eine Bewahrung – *seine* Bewahrung in *seiner* Sintflut.
Wie eine Flutwelle kam der Herzinfarkt über ihn, riß ihm den festen Boden unter den Füßen weg und drohte ihn tatsächlich auch zu ersticken. Dann Dunkelheit.
Nach der Operation öffnet er die Augen – wie Noah die Luke der Arche – und Helligkeit strömt herein. Hoffnungsschimmer. Danach tritt er heraus und bedankt sich bei Gott.
Eine moderne, ganz persönliche, Sintflutgeschichte.
Ein Beispiel, das mir spontan eingefallen ist. Es gibt sicher noch vielfältige andere. Vielleicht kennen Sie auch eines? Womöglich selbst erlebt?
Eine unverhoffte Errettung – z.B. in den Kriegszeiten? Oder beim Autofahren? Oder aus einer persönlichen Krise?
Vielleicht erinnern Sie sich an eine Zeit, an eine Situation, wo Ihnen sozusagen das Wasser bis zum Hals stand? Eine Zeit, die Sie als dunkle Zeit in Ihre Lebensgeschichte eingetragen haben? Und vor allem: was war das für ein Gefühl, als Sie da wieder herauskamen? Wissen Sie noch, wie es war, wieder Boden unter den Füßen zu spüren? Trendwende. Ein Hoffnungsschimmer. Es ist wieder gut. Vielleicht auch: Danke!
Mir ist wichtig, daß Sie dieses Gefühl der Erleichterung, dieses Gefühl: »Da bin ich wieder herausgekommen«, noch einmal in sich wahrnehmen.
Dazu will ich Ihnen nun Zeit geben. Spüren Sie doch einmal nach in Ihrem Leben: Vielleicht gibt es da auch so eine Errettungssituation? Und: Was war das für ein Gefühl, als Sie da wieder rauskamen?
Im Hintergrund spielt die Orgel leise eine Variation zu dem bekannten Lied »Danke«.

Meditation und Orgelspiel

»Hoffentlich nie wieder«, hatte sie gedacht. Aber eine Spur von Angst bleibt ihr dennoch. Unsicherheit und die verständliche Sorge: Werden wir noch einmal so etwas durchstehen müssen? Oder gar Schlimmeres? Und wie geht es weiter? Werden wir heute nacht ruhig schlafen? Was wird morgen am Tag? Werden wir den Winter gemeinsam erleben – den Sommer? Wie selbstverständlich haben wir sonst Tag für Tag hingenommen . Es war einfach selbstverständlich, daß es wieder morgen wird, daß wir aufstehen, daß wir leben und uns bewegen können. Jetzt weiß ich erst, daß kein Tag, kein Morgen, ja nicht einmal der nächste Atemzug selbstverständlich sind. Was hätte uns nicht alles schon passieren können? War nicht jeder Tag im

Grunde ein Geschenk? Und war nicht jeder Tag ein Zeichen, daß Gott uns bewahrt hat?
Sie blickt zu ihrem Mann. Dann sagt sie: »Wenn Gott uns bisher bewahrt hat, vor allem auch in der letzten Zeit, dürfen wir dann nicht auch Zutrauen haben in seine weitere Bewahrung?« Er sieht sie lange nachdenklich an. Schließlich legt er seine Hand auf die ihre. Gemeinsam sehen sie nach vorn. Ihr Blick fällt auf den gekreuzigten Christus über dem Altar. Sie stutzt. »Dir hat Gott wohl nicht herausgeholfen? War ich zu voreilig mit meiner Zuversicht?« *(Pause)*
Doch dann löst sich ihr Gesicht: »Nein! Dich hat er sogar aus der tiefsten Dunkelheit wieder ans Licht geholt. Dich hat er sogar aus dem Tod herausgeholt.« Ihr Gesicht entspannt sich.

Liebe Gemeinde, vorhin wollte ich in Ihnen das Gefühl der Bewahrung noch einmal hervorrufen. Warum? Weil ich hoffe, daß der, der einmal in einer schweren Zeit erlebt hat, daß Gott bei ihm war, daß Gott ihn bewahrt und herausgeholfen hat, daß der aus dieser Erfahrung die Zuversicht gewinnen kann, daß ihn Gott auch weiterhin bewahren will. Gott will nicht mehr alles Lebendige vernichten. Gott will keine vernichtenden Sintfluten mehr – auch keine persönlichen.
Ich zögere. Bin ich auch nicht zu vollmundig? Gott will keine vernichtenden Sintfluten mehr – auch keine persönlichen?! Ein wenig wackelig wird mir schon in den Knien, wenn ich diesen Satz bedenke. Denn was ist mit denen, die erst einmal nicht herausgekommen sind? Die gestorben sind? Im Krieg, im Auto ... Vollmundig kann ich gewiß nicht von Bewahrung sprechen; mit wackeliger Stimme nur, aber mit großer Hoffnung. Im Grunde getraue ich mir nur deswegen von Gottes Bewahrung zu reden, weil ich darauf vertraue, daß Gott jeden von uns auch aus der letzten Dunkelheit wieder ins Licht holen wird – wie Jesus Christus. Und er kam heraus – dies galt für Noah, für Jesus Christus und es gilt für einen jeden und jede von uns im Leben und im Sterben.

Sie stehen auf. Gehen zum Ausgang. Vor einer Gebetswand bleiben sie stehen. Er nimmt einen kleinen Zettel und schreibt mit wackeligen, aber großen Buchstaben »DANKE«. Sie nimmt eine Kerze und zündet ein Licht an. Dann gehen sie hinaus, er und seine Frau.

Alternativen/Ideen
Als Noah aus der Arche kommt, »fällt ihm ein Stein vom Herzen«. Wann ist uns ein Stein vom Herzen gefallen? Wir beschriften unseren Stein (aus Karton) mit einem Stichwort. Die verschiedenen Steine der Gottesdienstbesucher werden gesammelt und in der Kirche ein Altar daraus gebaut. Auf dem so errichteten Altar kann das Abendmahl gefeiert und aus den Stichworten können Dank und Bitte formuliert werden.

Kinderkantate »Die große Flut«, hg. von Günther Kretzschmar, Hänssler-Verlag, Neuhausen-Stuttgart.

In: Lieder, Bilder, Szenen im RU, Bd. 8, Karikaturen, findet sich auf S. 7 eine Karikatur von Moser zum Thema Verantwortung für die Umwelt: die Tiere sind in der Arche, die Menschen müssen draußen in ihrem »Wohlstands«-Müll bleiben. Der Planungsvorschlag (S. 6 ebenda) kann als Gliederung für die Predigt dienen.

Die Evangelische Medienzentrale in Bayern bietet u.a. (!) eine Diaserie von J. Schwarz mit Holzschnitten von Grieshaber, die die Zerstörung unserer Umwelt durch industrielle Produktion zum Thema haben. EMZ Verleih-Katalog 1992, DS 141–14.

Kontexte

Der Roman »Gesegnete Erde« von Knut Hamsun nimmt Genesis 8,21b.22 auf und ist ein »Loblied auf den Segen der Arbeit, die Fruchtbarkeit der Erde und die Menschen, die in mühseligem Ringen Land urbar machen.« So Fr. Hahn, der in seinem Buch »Bibel und moderne Literatur« (Stuttgart 1966, S. 33–39) einen Auszug aus dem Roman bietet und mit Genesis 8 als Ordnung Gottes in Bezug setzt.

»Der Zufall ist Gottes Deckname, wenn Gott sich nicht zu erkennen geben möchte.« (Anatole France); »Wenn Gott ein Wirkliches ins Nichts zurückführte, so geschähe dies nicht durch sein Wirken, sondern dadurch, daß er aufhörte, zu wirken.« (Josef Pieper)
(Aus: J. Griesbeck/A. Zeller (Hg.), Auf den Punkt gebracht, Grünewald 1992)

»Die Majestät dieser bedingungslosen und grenzenlosen Menschenliebe Gottes ernst nehmen, das ist die Voraussetzung für eine der größten irdischen Gaben des christlichen Glaubens – den Mut zur Gegenwart.« (Hans Lilje); »Herr, ich danke Dir, daß heute die Dinge nicht so gelaufen sind, wie ich wollte, sondern wie Du wolltest.« (Abendgebet des hl. Philippus Neri).
(Aus: Elisabeth Wetter (Hg.), Von allen Seiten umgibst du mich, Brockhaus 1986)

In Wuppertal ist ein psychologisch geschulter Lehrer darauf aus, bei Aussagen und Antworten der Schüler zu testen, aus welchen Elternhäusern sie kommen. Thema: Unglück. »Was meint ihr, wie man einen solchen Fall nennt, wenn einer, der die Straße überquert, dabei unter ein Auto gerät und noch einmal halbwegs davonkommt?« Die Hände fliegen nur so: »Schwein gehabt!« Ein zweiter: »Dem Teufel von der Schippe gesprungen!« Der dritte: »Pech gehabt und noch kein Unglück!« Einer sagt: »Schicksal«; der fünfte: »Es hat so sollen sein«. Unser Psychologe versucht, daraus den geistigen und geistlichen Status der Familien zu ergründen. Da meldet sich im nachhinein ein Sechsjähriger, und bei dem brauchte man keine Überlegung: »Alles falsch, Herr Lehrer? Es muß heißen: ›Das ist die unverdiente Gnade und Barmherzigkeit des himmlischen Vaters!‹«
(Nach: J. Harder, Und der Himmel lacht mit, Verlag Herder, Freiburg im Breisgau, 2. Aufl. 1985.)

Reformationsfest

Predigttext: Matthäus 10,26b–33

Oda-Gebbine Holze-Stäblein

Theologisch-homiletische Skizze

1. Versuch einer Ortsbestimmung

Der Reformationstag im Jahre 1993 fällt auf einen Sonntag: Wir können daher dem Nachdenken über ihn nicht ausweichen. Die Lutherstätten, jetzt allen zugänglich, erfreuen sich ungebrochener Beliebtheit. Kirchenkunst und -musik finden nach wie vor ihr Publikum. Aber sonst? Die Zeichen stehen für die Kirchen auf Sturm wie schon lange nicht mehr. Die Austritte halten unvermindert an, und das Thema ›Kirche‹ wird im Augenblick – Juli 1992 – fast wöchentlich in den Medien aufgegriffen. Dabei gehen journalistische Aggressivität und tiefer persönlicher Zweifel von Menschen, die eigentlich an ihrer Kirche hängen, bunt durcheinander. Das ökumenische Klima ist frostig. Kontakte laufen wohl nur noch auf Gemeindeebene. Der Fall Drewermann sorgt quer durch die Konfessionen für Unruhe; aber Drewermann findet auch quer durch die Konfessionen Beifall: ein Indiz dafür, daß er mit seiner Theologie und seiner Kirchenkritik vielen aus dem Herzen spricht. Es ist auch beileibe nicht so, daß sein Name in evangelischen Kirchenleitungen besonders beliebt wäre.

Innerkirchlich stehen Themen an, die reformüberfällig sind: in der evangelischen Kirche sind es der nach wie vor fast überall praktizierte Ausschluß homosexueller Geistlicher aus dem Pfarramt und die mangelnde Beteiligung von Frauen an kirchenleitenden Positionen. Zunehmend entwickelt sich an der Basis Unmut über undemokratische Strukturen: Personalpolitik von oben, Besetzung kirchenleitender Ämter ohne Transparenz etc.

Die Kirche in den neuen Bundesländern hat ihre Identität in einer offenen Gesellschaft weitgehend noch nicht gefunden. Zudem ist sie von außen angegriffen und von innen verunsichert durch die Stasi-Problematik. Es ist den Drahtziehern gelungen, im Dunkeln zu bleiben, während die Kirche samt ihrer Rolle in der DDR in Mißkredit gebracht worden ist. Ein schmutziges Spiel!

In der katholischen Kirche stehen angesichts des eklatanten Priestermangels der Zwangszölibat und der Ausschluß von Frauen vom Priesteramt, aber auch der Dogmatismus und das autoritäre Gehabe der Amtskirche immer lauter zur Debatte. Und die beiden großen Kirchen sehen sich zunehmend im Kreuzfeuer der kritischen Nachfragen wegen der Kirchensteuer und des undurchsichtigen, mindestens unverstandenen Finanzgebarens – um nur diesen Punkt zu nennen.

Wird die »Kirchenkarawane« auch diesmal weiterziehen, als wenn nichts wäre? Oder bekommt sie mit, daß sich das Klima im Lande grundlegend zu ändern beginnt? »Die Menschen haben keine Angst mehr!« Diese Erkenntnis wurde im Jahre 1989 zur regimestürzenden Parole. Sicher, selbst eine erstarrte Amtskirche ist kein Regime. Aber die Menschen haben – in unseren Breiten jedenfalls – auch keine Angst mehr vor der Autorität der Kirche, vor Höllenstrafen und Gericht. Und leider Gottes ist es der Kirche bisher nicht hinreichend gelungen, deutlich zu machen, daß ihr an dieser Art von Autorität schon lange nicht mehr gelegen ist.

Ich bin nicht der Meinung, daß die Kirche ausgespielt hat, und ich wünsche es mir nicht. Aber es fällt mir immer schwerer, mich mit dieser Kirche zu identifizieren. Mit vielen anderen suche ich nach einer Kirche, die anders ist als die jetzige. Ein Staat, der einen Machtapparat hinter sich hat, kann manche Krise ›aussitzen‹. Die Kirche kann das nicht, und sie sollte es auch nicht wollen. Aber wo und wie anfangen, anders Kirche zu sein? Ich sehe bei Amtsgeschwistern und Gemeindegliedern viel Ratlosigkeit, Trauer – und Zorn. Wahrlich eine Wüstenzeit!

2. Zum Text

Angesichts der so gesehenen Situation bietet der Text auf den ersten Blick wenig Hilfreiches. Matthäus hat für eine Gemeinde, die selbst in einer Verfolgungssituation zu stehen scheint, eine Aussendungsrede Jesu an die Zwölf komponiert (Matthäus 10,5–42). Den vorliegenden Abschnitt hat er bereits bei Q vorgefunden. Ein Seitenblick auf die Parallelstelle Lukas 12,2–9 zeigt, daß Matthäus das Material eigenständig akzentuiert: Vers 26b und 27 ist eine weisheitliche Gnome (vgl. die Exegese von W. Pratscher, in III/4). Sie wird bei Lukas als Mahnung verstanden (»Achtet auf das, was ihr sagt. Der ›Feind‹ hört mit.«) Bei Matthäus wird sie zu einem klaren Auftrag Jesu, das Evangelium aus der Verborgenheit herauszuholen und in die Weite der Öffentlichkeit hineinzusprechen: »Im Licht und von den Dächern predigen!« Der Grund ist klar: Das Evangelium gilt der Welt. Es wäre ja so viel einfacher, wenn es mit dem Evangelium so ginge: »Sagt es niemand, nur den Weisen, weil die Menge gleich verhöhnet!« (Goethe)! Aber die Welt braucht den Sauerteig des Evangeliums, so wie die Jünger – damals und heute – ja an sich selbst erfahren haben, daß ihnen die Nähe und das Wort Jesu Heil und Leben brachten.
Aber die Predigt des Evangeliums wird nicht nur offene Ohren finden. Sie wird auf Widerstand stoßen, und der wird sich gegen die Boten richten. Der aussendende Christus stellt die Boten unter seinen Schutz: »Fürchtet euch nicht ...«
Zugleich steckt in Vers 28 eine Zurecht-Weisung im wörtlichen Sinn: Gott ernst nehmen heißt, die Menschen nicht mehr fürchten. Denn sein leidenschaftlicher Wille, in dieser Welt zum Zuge zu kommen, steht über allem. Er ist in Leben und Tod die unentrinnbar letztgültige Instanz (vgl. Psalm 139: Bettete ich mich bei den Toten, siehe, so bist du auch da).
Aber daraus erwächst zugleich großer Trost: Wieviel mehr wird der, dem weder ein Sperling noch das Haar auf dem Kopf gleichgültig sind, für die sorgen, die er selbst in seinen Dienst ruft und aussendet! Schön zu sehen, wie im Unterschied zu Vers 28, wo Gott nicht mit Namen genannt wird – man kann auch an den Teufel denken! –, Vers 29 von ›eurem Vater‹ spricht. Es wäre gut, wenn es gelänge, in diesem Ton zu predigen.
Freilich: Können die Boten mehr sein als schwache Zeugen und Zeuginnen? Welche Last liegt auf ihnen! Da verheißt ihnen der aussendende Jesus – und das ist ja der erhöhte Herr! –, daß er ihr Fürsprecher vor Gott sein wird. Keine Großartigkeit, kein Heldentum ist verlangt. »Sich vor der Welt auf die Seite Jesu stellen« (Gottfried Voigt), darum geht es. Im letzten Ernst der Rechenschaft wird dies die Boten retten und entlasten.
Ich würde die etwas düsteren Züge der Perikope, besonders Verse 28 und 33 in der Predigt nicht besonders akzentuieren. Es wäre ja auch eine schwache Motivation, wenn wir nur aus Angst vor dem Gericht Christen wären. Ermutigung tut not!

3. Überlegungen zur Predigt

3.1 Es kann keinen Zweifel für uns geben: Die Daseinsberechtigung der Kirche in der Nachfolge der von Christus ausgesandten Boten steht und fällt mit der öffentlichen Predigt des Evangeliums. Damit meine ich nicht nur die Kanzelrede, sondern alle Kommunikationsformen, die sich heute anbieten. Aus eigenen Erfahrungen mit dem »Wort zum Sonntag« weiß ich, wie schwer es ist, in einem Medium wie dem Fernsehen, das so locker daherkommt und doch enormen Zwängen unterliegt, Evangelium angemessen zu präsentieren. Aber auch das sind heute die »Dächer«, von denen im Text die Rede ist. Wie binnenkirchlich unser Denken und unsere Sprache sind, das merken wir erst in der Konfrontation mit einem so unverstellten Stück Welt. Wir schulden der Welt die Mühe der Übersetzungs- und Vermittlungsarbeit; wir sind Dolmetscherinnen und Dolmetscher. Die innerkirchliche Betulichkeit in Sprache und Umgang ist eine gewaltige Barrikade für von außen Kommende! Genauso ist es die fromme Besserwisserei.

3.2 Sind wir als Kirche gesprächsfähig? Sind wir seismografisch genau im Wahrnehmen von Entwicklungen, im Erspüren von Ängsten? Und: Nehmen wir uns selbst als ZeitgenossInnen, also als Beteiligte, Betroffene und Mitschuldige, ehrlich genug wahr? Es werden von uns keine fertigen Antworten erwartet, wohl aber redliches Mit-Unterwegssein. Das bedeutet nicht, daß wir auf jeder Welle mitschwimmen müssen – das Evangelium bleibt eine res aliena! –, aber wir müssen immer wieder hinein in die Zerreißprobe zwischen altem Glauben und dem Leben von heute.

3.3 Verfolgt ist die Kirche nicht. Aber sie ist angefeindet, verachtet, nicht selten gehaßt, am häufigsten ertragen und erlitten. Viele alte Rechnungen für vergangene Ängstigungen werden heute beglichen. Die Vehemenz der Ablehnung deutet auf hohe (enttäuschte) Erwartungen. Stecken wir das alles weg? Gewiß nicht. Es heißt unterscheiden: nicht jeden Schuh, den man uns hinstellt, müssen wir anziehen, aber doch offen sein für das, was sich an Missetaten, an Kälte, an Unmenschlichkeit der Kirche nun rächt. Und ist nicht auch der Verlust der Angst, der Verlust des falschen Respektes eine wunderbare Sache? Da könnte sich doch ein Tor zur Freiheit öffnen!

An einem Punkt heißt es kämpfen: der Trend zu bürgerlichem Privatismus, der sich alles leisten kann und sich für nichts verantwortlich fühlt, ist unübersehbar. Er kann tödlich sein in einer Gesamtlage, in der es mehr denn je auf ein Zusammenspiel aller Kräfte ankommt. Kirche holt sich Kraft aus der Stille und aus dem Gottesdienst, aber sie muß auch öffentlich existieren. Da kommen der Drang des Evangeliums nach draußen und die Notwendigkeit der Kirche zur Deckung.

3.4 Wen oder was fürchten wir? Bei den Mächtigen in den meisten Teilen der Welt ist die Kirche als staatserhaltende Institution (zu) wohlgelitten. Fürchten wir nicht tatsächlich mehr als alles andere, Einfluß und materielle Basis zu verlieren? Sind wir als Kirche in der Rolle des reichen Jünglings, der traurig von dannen ging, statt Jesus zu folgen? Wovon müssen wir uns trennen, um noch der Nähe Jesu gewiß zu sein?

3.5 »Sich vor der Welt auf die Seite Jesu stellen«: das kann sich nicht darin äußern und gar erschöpfen, daß man »Jesus liebt dich«-Aufkleber am Auto spazieren fährt. Jesus selbst hat sich auf die Seite der geringsten Brüder (und Schwestern) gestellt (Matthäus 25). Dahin müßte Kirche deutlich sichtbar unterwegs sein. Dafür zwei Beispiele: Im Hamburger »Michel« fand kürzlich eine Großveranstaltung zum Thema ›Aids‹ statt. Und: Im Osten werden Menschen durch den Einigungsvertrag in erhebliche Bedrängnis gebracht, weil plötzlich »Alteigentümer« auftauchen und ihnen die Existenzgrundlage streitig machen. Die Kirche in Brandenburg hat Beratung angeboten.

Fazit: Der Satz »Ecclesia semper reformanda« ist neu zu formulieren: Ecclesia nunc reformanda!

Vorschläge zur Liturgie

Eingangsgebet
Deine Stimme hat uns gerufen. Gott, dein Wort hat uns geschaffen. Du hast uns zusammengefügt zu einer Kirche. Menschen bloß, schwache Zeuginnen und Zeugen deiner Wunder. In deiner Torheit hast du deinen Namen in unseren Mund, dein Werk in unsere Hände gelegt. Wer sind wir, Gott, daß du unter uns wohnen willst? Wir bitten: mach uns zu neuen Menschen; mach mit uns einen neuen Anfang der Hoffnung und des Friedens in dieser großen und zerfahrenen Welt.
(Nach Huub Oosterhuis, Ganz nah ist dein Wort, Verlag Herder, Wien 1972)

Oder: *Psalm* 139,1–12

Sündenbekenntnis
Gott, wir sind dein Friede nicht in dieser Welt, wir sind dein Heil und deine Hilfe nicht für die verstörten und gebrochenen Menschen, denn wir sind selbst verstört, engherzig und besorgt um uns selbst. Wir schaden deiner Absicht, und wir verwirren die Welt. Wir geben Anlaß zur Klage und beklagen uns selbst. Befreie uns, Gott!
(Nach Oosterhuis, a.a.O.)

Fürbitte
Gott, wir rufen zu dir: Gestalte deine Kirche um, gibt ihr den Lebensmut, dein Wort zu tun und deinem Geist zu folgen: daß sie nicht länger versucht, über Menschen zu herrschen, nicht fordert oder Rechte geltend macht, sondern an der Freude der Menschen mitwirkt. Gib, daß die Worte, die wir in deinem Namen sprechen, niemanden abstoßen, niemanden ausschließen, sondern Menschen in deine Nähe holen. Rufe uns heraus aus all dem Reichtum, all den Sicherheiten, die uns binden und gefangenhalten. Erinnere uns daran, daß wir allein gesendet sind, deine Gnade weiterzusagen.
(Nach Oosterhuis, a.a.O.)

Lieder
EKG 250; 166; aus dem Beiheft: 709 Jesus Christus, das Leben der Welt

Vorschlag für die Predigt

Möglicher Anfang
Liebe Gemeinde! Der Reformationstag ist ins Gerede gekommen. Man will in Ost und West die Zahl der Feiertage vereinheitlichen. Und da gibt es Leute, die sagen: Der Reformationstag sollte endlich ein »richtiger«, d.h. arbeitfreier Feiertag werden. Andere fordern, der Reformationstag und

auch der katholische Feiertag Allerheiligen sollten abgeschafft werden. Was ist uns dieser Tag wert? Wollen wir um in kämpfen? Wollen wir, daß er stärker im Bewußtsein der Menschen verankert wird? Wenn ja, als was? Als eine Art evangelischer Heldengedenktag? Den braucht weder – posthum – Martin Luther, noch brauchen wir ihn. Als Tag der Erinnerung an europäisches Kulturgut? Ach je ... Als Tag des protestantischen Selbstbewußtseins? Da ist die Gefahr groß, in den Topf der falschen Töne zu greifen. Ich denke, es wäre eine gute Sache, diesen Tag von seinem Ursprungssinn her wieder ernstzunehmen. Martin Luther hat an seiner Kirche gelitten. Er erkannte, daß die Kirche sich von ihrem Ursprung entfernt hatte. Er wollte sie mit seiner Kritik von innen her reformieren. Daß sie daran zerbrach, hätte er sich nicht träumen lassen.
Wie ist das heute? Nicht nur der Stellenwert des Reformationstages, sondern die ganze Kirche ist ins Gerde gekommen ...
(Hier möge der Prediger/die Predigerin aus eigener Sicht die »Knackpunkte« anführen. Vielleicht sind es ganz andere als die in der Einleitung genannten.)

Zum weiteren Verlauf: Jetzt erst den Text lesen!
Dann ist folgender Gedankengang möglich:
1. Man kann fragen: Warum hat Jesus es seinen Jüngern so schwer gemacht? Er hätte doch mit ihnen einen Orden gründen und in der Wüste leben können: konzentriert auf die Betrachtung der göttlichen Geheimnisse. Sicher: so hätte er sich den Tod am Kreuz und den Jüngern die Verfolgung ersparen können. Aber Evangelium und Welt, Kirche und Welt gehören zusammen. Das Evangelium will laufen. Dazu braucht es die Füße, Hände etc. der BotInnen. Die Welt braucht das Evangelium von einem Gott, der sie mit Liebe und Beharrlichkeit sucht und in ihr zu Hause sein möchte. Darum: Auf die Dächer! ...
2. Jesus läßt seine JüngerInnen da draußen nicht allein. Das haben Menschen immer erfahren. Beispiele: die Taizé-Brüder, die zu zweit in die Slums von Kalkutta, Nairobi, Bogotá etc. gehen. Auch wir sind in der Hand Gottes. Das ist die umfassendste Wirklichkeit unseres Lebens. Mit ihm im Rücken, umfangen von ihm könnten wir leichter aus der »festen Burg« Kirche ausziehen.
3. »Wer mich bekennt ...«: das macht Angst und Druck. Viele Menschen haben Angst, über ihren Glauben zu sprechen. Er könnte ja nicht ›richtig‹ sein im Sinne der kirchlichen Lehre. Es werden aber keine Glaubensbekenntnisse verlangt, sondern »sich vor der Welt auf die Seite Jesu stellen«. Dazu muß man nur eins von ihm verstanden haben: Er war auf der Seite der Schwachen.
4. Ich möchte zum Schluß eine Geschichte vorlesen: »Quarrtsiluni« (siehe Kontexte Nr. 1)

Möglicher Schluß
Das ist toll: Nicht die alten Lieder singen, nicht die alte Leier spielen. Gott wird uns neue geben, wenn wir ihn zu Wort kommen lassen. Die Stille läßt das ans Licht kommen, zwanglos, wie von selbst. Sollte er nicht auch heute seinen Leuten neue »heilige Gesänge« geben? Es sind nicht wir, die die Kirche reformieren müssen. Gott wird das tun – wenn wir ihn nur ans Werk lassen. Statt daß wir aus der Kirche eine Wagenburg machen, wird er unsere feste Burg sein. So hat es Luther gedichtet und gemeint. Amen.

Kontexte
»Majuaq war eine greise Eskimofrau. Knud Rasmussen, der Forscher, hatte sie gebeten, ihm aus der Geschichte ihres Stammes zu erzählen. Die alte Majuaq schüttelte den Kopf und sagte: »Da muß ich erst nachdenken, denn wir Alten haben einen Brauch, der Quarrtsiluni heißt.« »Was ist Quarrtsiluni?« »Das werde ich dir jetzt erzählen, aber mehr bekommst du heute auch nicht zu hören.« Und Majuaq erzählte mit großen Handbewegungen: »In alten Tagen feierten wir jeden Herbst große Feste zu Ehren der Seele des Wales, und diese Feste mußten stets mit neuen Liedern eröffnet werden; alte Lieder durften nie gesungen werden, wenn Männer und Frauen tanzten, um den großen Fangtieren zu huldigen. Und da hatten wir den Brauch, daß in jener Zeit, in der die Männer ihre Worte zu diesen Hymnen suchten, alle Lampen ausgelöscht werden mußten. Es sollte dunkel und still im Festhaus sein. Nichts durfte stören, nichts zerstreuen. In tiefem Schweigen saßen sie in der Dunkelheit und dachten nach, alle Männer, sowohl die alten wie die jungen, ja, sogar die kleinsten Knäblein, wenn sie nur eben so groß waren, daß sie sprechen konnten. Diese Stille war es, die wir Quarrtsiluni nannten. Die bedeutet, daß man auf etwas wartet, das aufbrechen soll. Denn unsere Väter hatten den Glauben, daß die Gesänge in der Stille geboren werden. Dann entstehen sie im Gemüt der Menschen und steigen herauf wie Blasen aus der Tiefe des Meeres, die Luft suchen, um aufzubrechen. So entstehen die heiligen Gesänge.«
(K. Rasmussen, Gabe des Adlers. Eskimomythen aus Alaska. Verlag Clemens Zerling, Berlin, 2. Aufl. 1988)

Die Arche (Gedicht von Zdeněk Svoboda)
Wir sind drin bis zum Hals / Wir sind am Ertrinken / Anfangs stellten wir uns / als versänken wir nur zum Vergnügen / Jetzt aber treten wir Wasser wie um die Wette / und von Zeit zu Zeit schlucken wir Dreck / Wir rufen um Hilfe / ohne Erfolg / Und plötzlich schwimmt an uns vorüber / ein unansehnlicher hölzerner Kasten / Ein sinnender Schiffer / wirft mit gewaltigem Schwung / unermüdlich Rettungsringe / Schon haben wir einen in der Hand / buchstabieren darauf / den Namen der uralten Arche: / FÜRCHTE DICH NICHT – GLAUBE NUR
(Aus: Zdeněk Svoboda: Gelandet am verlassenen Ufer. Gedichte. Originalrechte bei DILIA/Praha)

»Nicht kann auch aus Gottes Hand fallen, wer außerhalb seiner selbst und aller Kreatur fällt, die doch Gottes Hand von allen Seiten umfaßt. Stürze also durch die Welt, wohin stürzest du? Doch nur in die Hand und an die Brust Gottes.«
(Martin Luther, aus: In psalmos, WA 5, S. 168, gefunden in: Loccumer Brevier. Hrsg. Loccumer Arbeitskreis für Meditation, 3056 Rehburg-Loccum, 1990, S. 106)

Drittletzter Sonntag des Kirchenjahres

Predigttext: Lukas 11, 14–23

Bernd Ahrens

Theologisch-homiletische Skizze

Die Heilung des Stummen wird in der vorliegenden Perikope merkwürdig an den Rand gerückt. Eindeutiger Schwerpunkt ist der Streit um die Legitimation Jesu. Doch dieser Streit findet heute keine Diskutanten mehr. Entweder wird Jesu Legitimation gar nicht erst in Frage gestellt, da er durch seine Auferstehung ausreichend legitimiert ist oder aber er stößt schlichtweg auf Gleichgültigkeit und Desinteresse als Folge einer explosionsartig anwachsenden Lethargie gegenüber allem Religiösen. Interessanter könnte da schon die Frage sein, mit welcher Legitimation sich die Gemeinde/Kirche bei abnehmender gesellschaftlicher Bedeutung einmischt in den Streit um die Ordnungen bzw. Unordnungen dieser Welt. Woher nimmt sie das Recht, Unrecht beim Namen zu nennen und Sprecher der Stummen zu sein? Bei der Antwort verbietet sich ein vorschneller Griff zum ekklesiologischen Lehrbuch. Denn zunächst ist ja einmal zu fragen, ob die Gemeinde/Kirche dies in gebotenem Maße überhaupt tut. Treiben wir wirklich die Dämonen aus oder sind wir nicht längst im ständigen Ringen um Ausgleich stumm und somit selbst zu Besessenen geworden?
Ich predige in einer Landgemeinde, die volkskirchlich geprägt ist und an deren Pforten die Säkularisierung nicht haltgemacht hat. Ich vermute, der Predigthörer wird gleich zu Beginn am ›Dämon‹ hängen bleiben. Daher mein Ziel: Zurück zur Peripherie der Perikope! Ausgehend von der Dämonie der Stummheit versuche ich eine Übersetzung dieses Phänomens in den Sprach- und Erfahrungshorizont meiner Gemeinde. Ist das gelungen, dann ist sie es, die sich zunächst einmal ihrer Legitimation und ihrer Fähigkeit zur Heilung bewußt werden muß. Deshalb gehe ich einen kleinen Schritt hinter den skopos der Perikope zurück. Der Legitimationsstreit mit den Gegnern wird als Möglichkeit zwar aufgezeigt, aber in den konkreten Konsequenzen für die Gemeinde nicht entfaltet. Das stünde auf der Tagesordnung, wenn bei uns aus der Predigt des Reiches Gottes ein Handeln im Lichte dieses Reiches geworden wäre.

Vorschläge zur Liturgie

Kyrie

KYRIE ELEISON – Herr, erbarme dich!
Mit leeren Händen kommen wir, Gott,
Bittende und Angewiesene sind wir,
Anfänger im Glauben und Verstehen:
CHRISTE ELEISON – Christe, erbarme dich!
Jesus Christus, Anfänger und Vollender des Glaubens,
der du für uns sprichst in unserer Sprachlosigkeit
und uns aufrichtest aus Niedrigkeit:
Erbarm dich über uns!

KYRIE ELEISON – Herr, erbarm dich über uns!
Verfasser ungenannt, in: Liturgische Texte, Beilage der ›Zeitschrift für Gottesdienst und Predigt‹ Heft 3/1987, LT 4)

Gloria
Wochenspruch (2. Korinther 6,2b)

Kollektengebet
Herr, so viele Worte bedrängen mich und geben mich nicht mehr frei. So viele Worte halten meine Gedanken fest in der Irre, die keine Ordnung kennt. Jetzt ruft mich dein Wort. Dein Wort, das mich sammeln will. Dein Wort, das mich begeistern will. Dein Wort, in dem du selbst da bist, Herr. Mach mich bereit zu hören und dann sprich du zu mir, der du in der Einheit des Vaters, des Sohnes und des Heiligen Geistes lebst und regierst in Ewigkeit.
(frei nach K. Bannach, G. Raff, Gemeinsam vor Gott, Gütersloh 1976, S. 94)

Allgemeines Kirchengebet
Vater im Himmel,
du hast uns in deinem Sohn gezeigt,
was es heißt,
nicht nur vom Kommen deines Reiches mitten in dieser Welt
zu sprechen,
sondern für dieses Kommen
auch einzutreten.

Herr, wir bitten dich:
Laß uns zu denen in der Welt gehören,
die nicht nur viel vom Frieden reden,
sondern auch viel für den Frieden tun;
laß uns unsere Liebe
nicht nur denen schenken,
die wir brauchen,
sondern laß sie uns vor allem denen schenken,
die uns brauchen;
laß uns erkennen,
daß dein Reich nicht nur
durch unser Beten
um dein Reich,
sondern auch durch unser Eintreten
für dein Reich
in dieser Welt anbrechen will.
Herr, gib uns Mut,
für den Frieden und die Liebe

in dieser oft so friedlosen und lieblosen Welt einzutreten,
damit dein Reich
auch durch uns
in dieser Welt anbrechen kann.
(J. Buchna, Dich rufen wir an, Gütersloh 1982, S. 115)

Lieder
Wir haben Gottes Spuren festgestellt (u.a. in: Singt und dankt, Beiheft '84 zum Evangelischen Kirchengesangbuch für die Evangelische Kirche im Rheinland Nr. 719)
Ich rede, wenn ich schweigen sollte (ebd. Nr. 714)
EKG 466 (Landeskirchlicher Teil Rheinland, Westfalen, Lippe) »Dankt, dankt dem Herrn, jauchst volle Chöre ...«
EKG 123 (Wochenlied)

Vorschläge zur Predigt

Möglicher Predigtanfang
»Liebe Gemeinde, die Sachlichkeit der frohen Botschaft will wieder einmal nicht so recht passen zur allgemeinen Vorliebe für schwülstige Auslegungen: ›Und er trieb einen bösen Geist aus, der war stumm. Und es geschah, als der Geist ausfuhr, da redete der Stumme. Und die Menge verwunderte sich.«
Nüchtern wie eine Zeitungsnotiz lesen sich diese drei Sätzchen. Knapper läßt sich kaum zusammenfassen, was damals Anlaß war für ein erhitztes Streitgespräch. Man stelle sich vor: Da wird ein Mensch zu Jesus gebracht, der ist stumm – möglicherweise sogar von Geburt an. Irgendwer oder irgendwas hat ihm die Sprache verschlagen. Kein Wort kommt ihm über die Lippen, und wenn er nicht mit unartikulierten Lauten seine Mitmenschen verschrecken will, so ist er zum Schweigen verurteilt bis zu seinem Tod. Ein Mensch, auf der Welt um zuzuhören. Seine Stimme ist nicht gefragt – bis zu dem Tag, an dem er auf Jesus trifft. Und der – ganz ohne Skalpell, ganz ohne Zaubermedizin – schickt den Teufel, der diesem Menschen die Stimme gestohlen hat, in die Wüste. Der Stumme öffnet seinen Mund und, siehe da!, seine Laute werden zu Worten, seine Stimme bekommt Gewicht. Was das auslöste bei denen, die das mitbekamen, wird man sich unschwer ausmalen können. Doch lassen wir das, Lukas tut's auch nicht. Drei kurze Sätze, mehr ist ihm die ganze spektakuläre Heilung nicht wert. Fast so, als wollte er sagen: ›Was braucht's da noch viele Worte? Habt Ihr von Jesus etwa etwas anderes erwartet?‹ Ein paar flüchtige Zeilen als Anlaß für einen handfesten Streit!«

Zum weiteren Verlauf
»Ohne Streit scheint es selten zu gehen, wenn in den Taten Jesu Gott selbst in diese Welt eingreift. Seine Pläne wollen eben nicht so recht passen zu der

wohlgefügten Ordnung, der wir unser Leben untergeordnet haben. Wie natürlich scheint es selbst uns Christen, wenn von vornherein feststeht, wer zu schweigen hat und wer seinen Mund aufmachen darf.«
Hier gilt es nun konkret zu werden: Kaum einer hinterfragt noch, daß Kinder zu schweigen haben, wenn Erwachsene sich unterhalten. Oder ich denke an unsere letzte Gemeindeversammlung anläßlich des geplanten Neubaus unseres Gemeindehauses. Die anwesenden Gemeindeglieder waren zum Schweigen verurteilt, als sie vom Wortführer des Presbyteriums nur so bombardiert wurden mit Zahlen über Nutzflächen- und Kostenberechnungen. Auch sind mir noch zahlreiche Demonstrationen in Erinnerung, bei denen ich den Zuruf hörte: »Ihr müßt erst mal was leisten, bevor Ihr die Klappe aufmacht!« Ein weiteres Beispiel: Wie oft habe ich bei Altenbesuchen nicht schon folgendes gehört: »Ach Opa, halt dich da mal raus! Das verstehst du doch nicht mehr.« An weiteren Beispielen dürfte es dem Prediger nicht mangeln, denn die Allianz derer, die für sich das Recht der Rede beanspruchen, hat sich überall durchgesetzt. Doch Vorsicht! Es gilt immer noch die alte Regel: Lieber ein nachvollziehbares Beispiel als fünf verallgemeinernde.«
Sage also bitte niemand, hier könne jeder sagen, was er will. So reden nur die, deren Stimme Gehör findet. Die stumm gemachten können den Gegenbeweis nicht antreten – eben weil sie stumm sind. Stumm gemachte Menschen, ihre Zahl ist groß in diesem Land, und es gibt nicht wenige, die es darauf angelegt haben, sie noch größer zu machen. Da reicht es, eine andere Meinung zu haben. Schon wird an den Stimmbändern operiert. Ich denke nur an die wenigen Male, als die evangelische Kirche es wagte, zu brisanten Themen die Stimme zu erheben – und zwar abweichend von der allgemeinen Meinung. Das war in den 60er Jahren so im Zusammenhang der Debatte um die ehemaligen deutschen Ostgebiete, das war in den 70er und 80er Jahren so bei der Diskussion um den Nato-Doppelbeschluß und es ist in den 90er Jahren so bei der Frage des Umgangs mit den neuen Bundesländern. Jedesmal war der Politiker nicht weit, der dezent aber listig anfragte, ob es denn nun schon die Aufgabe der Pfarrer sei, Politik zu machen oder ob sie sich nicht stärker in Seelsorge und Verkündigung engagieren wollten, um endlich den Kirchenaustritten zu wehren. Das Wort Gottes als Knebel!
Der stumme Dämon, liebe Gemeinde, hat zu allen Zeiten mächtige Freunde. Wen wundert's da, daß Jesus Streit provoziert, wenn er die Karten dieser Welt neu mischt und austeilt; wenn auf sein Wort hin den Blinden die Augen und den Tauben die Ohren aufgehen und die stumm gemachten und gehaltenen ihre Stimme erheben. Hätte er sich nur darauf beschränkt zu vertrösten, ihm wäre ein langes und behagliches Altenteil so gut wie sicher gewesen. ›Laß den mal reden‹, hätten die Wortführer von damals gesagt, ›bei dem wird auch nur mit Wasser gekocht!‹ Doch Jesus hat nicht vertröstet, er hat getröstet, indem er seinen Worten Taten folgen ließ. Da haben die Leute begriffen, daß die Predigt vom Reiche Gottes nicht von

einem nebulösen Irgendwann handelt, sondern daß sie zupackt und handfest wird, damit diese Welt sich nicht abfinden muß mit der Macht einiger weniger zu Lasten der Ohnmacht vieler.«

Nun ist der Bogen vom Damals ins Heute zu schlagen. Die heilbringenden Taten Jesu dürfen nicht zum Gegenstand unserer Bewunderung verkümmern. Sie sind immer zugleich Ansporn und Verpflichtung für seine Gemeinde. Gottes Reich kommt ohne unser Zutun, das ist wahr, aber das Wissen um das Kommen dieses Reiches drängt zur Veränderung unseres Lebens. Theologisch ist das zwar nichts Neues, umso erstaunlicher aber, daß diese Erkenntnis bislang keine Auswirkungen auf das Leben unserer Gemeinden hat.

»Bei Paulus, liebe Gemeinde, ist nachzulesen, daß dieser Jesus aus Nazareth mehr ist als nur unser Herr. Wir, als seine Jünger, haben nach seinem Tod und seiner Auferstehung eine schier unglaubliche Karriere durchlaufen: wir sind sein Leib geworden. Seine Worte, seine Taten, vor allem sein Glaube sind nun unsere Worte, unsere Taten, unser Glaube. Uns, als Gemeinde, ist von Gott die Würde zuteil geworden, im Namen, und das heißt auch immer: im Sinne Jesu zu leben. Es ist nun an uns, Dämonen auszutreiben, die Geister zu scheiden und die Herrschaft Gottes zu predigen. Doch lassen Sie sich durch diesen Auftrag keine Angst einjagen! Wenn Gott es Ihnen zutraut, Dämonen auszutreiben, dann gerät zuviel Bescheidenheit schnell in den Verdacht der Koketterie. Nur ein bißchen mehr Vertrauen in die guten Gaben Gottes, die in jedem von uns schlummern, nur ein bißchen mehr Selbstvertrauen, und ich bin sicher, es sähe vieles anders aus in unserer Kirche und in dieser Welt. Oft genug bedarf es nur eines kleinen Anstoßes, eines Minimums an Phantasie, um einem großen Dämon die Tür zu weisen.«

Nun heißt es wieder konkret werden. Beispiele: Anstatt sich nach der Gemeindeversammlung zum xten male über die Dominanz des/der bekannten Wortführers/Wortführerin zu ärgern, kann man diesen/diese vorher beiseite nehmen, um ihm/ihr auseinanderzusetzen, daß es doch einmal spannend wäre, auf die Durchsetzung eigener Interesse zu verzichten und statt dessen in den Fragen und Meinungen der anderen die anderen zu entdecken. Weiteres Beispiel: Wenn Kinder beim Essen einen normalen Gesprächsablauf sprengen, können zur Übung jedem Familienmitglied 5 Minuten zugestanden werden, in denen er/sie erzählen kann und/oder befragt werden darf. Verzichtet jemand, so wird die Zeit aller anderen verlängert.

Möglicher Schluß

»Dämonenaustreibungen, liebe Gemeinde, müssen so schwer gar nicht sein. Es hat schon seinen Sinn, daß Lukas uns die Heilungsgeschichte nicht ausführlicher schildert. Unser Glaube, unsere Phantasie, unsere Taten sind gefragt, wenn wir dieser Welt verkündigen, was Gott von ihr erwartet. Die Dämonen, die sich immer wieder unter uns breit machen und kräftig dafür sorgen, daß Menschen überhört und übersehen werden, müssen endlich in dieser Gemeinde einen ebenbürdigen Gegner finden! Austreiben müssen wir sie und austreiben können wir sie; Gott hat uns dazu vortreffliches Rüstzeug mitgegegen: die Idee zur Einführung einer kleinen Spielregel, der Mut zu einem Gespräch unter vier Augen, die gegenseitige Erinnerung an Jesus Christus, das Engagement im gemeinsamen Gebet ...; eins davon reicht oft schon aus, um einem Dämon Beine zu machen und einem Stummen die Stimme zu schenken.

Doch damit nicht genug: Auch im Räderwerk des Getriebes unserer Welt könnte es schleunigst anfangen zu knirschen. Ich gebe zu, die Dämonen, die da sitzen, sind so zahlreich und übermächtig, die Zahl der zum Schweigen verdammten ist so unübersehbar, daß wir selber bedroht werden vom Dämon der Stummheit. Mir jedenfalls ging es so, als ... (es folgt ein aktuelles Beispiel. Im Sommer 1992 wäre es dieses gewesen:) ... ich in der vergangenen Woche die Bilder von den Eisenbahnzügen vor Österreichs Grenzen sah, vollgestopft mit bosnischen Flüchtlingen. Ein sprachlos leidender Mensch neben dem anderen. Kann ich diesen Dämon austreiben? Können Sie es?

Selbst wenn Sie es sich nicht zutrauen und wenn ich es mir nicht zutraue, eines müssen wir vermeiden: selber besessen zu sein. Und das geht nur, wenn wir sensibel bleiben, offen bleiben für das stumme Leiden um uns herum. Wo wir den Dämon nicht austreiben können, müssen wir ihn wenigstens beim Namen nennen, auch auf das Risiko hin, daß es dann Streit gibt. Doch ein solcher Streit, der sollte uns nicht schrecken. Der hat auch sein Gutes, trägt er doch dazu bei, die Geister zu scheiden.

»Wer nicht mit mir ist, der ist gegen mich«, sagt Jesus.

Wir haben die Wahl. Amen.

Kontexte

»Wie es ihm (Jesus) um den ganzen Menschen und darum auch um unsere Leiblichkeit geht, greift er mit seinem Wort und Werk in alle Zusammenhänge unseres Lebens ein und wird darum gekreuzigt. Denn wer nur den Himmel haben will, gilt höchstens als ein Narr. Wo aber Gottes Reich verändernd nach dieser Erde greift und Besessenheit als Merkmal unserer Verhältnisse aufgedeckt wird, da setzen sich alle das Geschöpf versklavende Mächte zur Wehr.«
(E. Käsemann, Die Heilung der Besessenen, in: Kirchliche Konflikte, Bd. 1, 1982, S. 196)

Ein eindrückliches Beispiel für die Heilung einer Stummen finde ich in Brechts ›Mutter Courage‹. Das 11. Szenenbild schildert, wie die stumme Kattrin, angerührt durch das Gebet einer Bäuerin, ihre Stimme in Form lauten Trommelschlagens erhebt und so die Stadt Halle vor der nächtichen Erstürmung bewahrt. Allerdings: Kattrin zahlt mit dem Leben, die Heilung wird zum Kreuz.

»Es fällt immer auf, wenn jemand über Dinge redet, von denen er etwas versteht.«
(Wim Wenders, in: Der Stern Nr. 31/1992, S. 8)

Vorletzter Sonntag des Kirchenjahres

Predigttext: Lukas 16,1–8(9)

Günter Gottschämmer

Theologisch-homiletische Skizze

Das ist ein vielgeschmähter Text. Hat M. Ludendorff recht, wenn er betont, daß sei »das grauenvollste der Gleichnisse«?

Die Schwierigkeiten sind vielfältig. Sie entstehen zunächst an der Frage nach der homiletischen Situation: Wer sind die Adressaten der Perikope? Sind es die Pharisäer, wie 16,14 im Rückverweis betont, oder die Jünger, wie 16,1a behauptet? Sodann sind die Themen unscharf: Geht es um Eschatologie, wie es in 16,8b anklingt oder um Ethik, wie es in 16,9 angesprochen wird? Um wen handelt es sich bei dem »Herren« (Vers 8a): Ist hier von dem Grundbesitzer die Rede oder von Jesus? Schließlich bleibt noch die Frage nach der Abgrenzung der Perikope und nach ihren redaktionellen Überarbeitungen. Wo setzt das eigentliche Gleichnis ein, wo findet es, wie auch immer kommentiert, seinen Abschluß?

Zunächst ein Blick in die Textgeschichte: Seit Jülicher (Gleichnisreden II, 495–514) scheint gesichert, daß es sich um eine Parabel aus dem lukanischen Sondergut handelt (Verse 1b–7), die ursprünglich oder früh erweitert mit dem Kommentar Jesu (Vers 8a) und mit der Angabe der Adressaten (Jünger, Vers 1a) tradiert wurde. H. Braun (GPM 1960/61, S. 223ff.) sieht in Vers 8 eine *»erste Anwendung der Parabel«*. Die (erste) Pointe des Gleichnisses lautet demnach: *Jesus lobt das entschlossene*, die letzte Chance nutzende *Verhalten des Verwalters*. Jesus lobt nicht den Betrug. Er würdigt jedoch die zupackende Entscheidungsfreude, mit der der Verwalter für seine Zukunft sorgt. Angesichts des bevorstehenden Gerichts nutzt er seine letzte Chance: Hier kommt der eschatologische Fokus zur Sprache: Klug ist, wer sich in seinem gegenwärtigen Handeln von dem kommenden Gottesreich und seinem Anspruch beeindrucken läßt.

Vers 9 bringt in einer weiterführenden Redaktion eine *zweite Anwendung: vom verantwortungsvollen Umgang mit dem Besitz*. Hier leuchtet die Diskussion in der frühen (lukanischen) Gemeinde durch. Der kluge Haushalter setzt sein Geld ein, um sich in bester Robin Hood-Manier Freunde zu verschaffen. Der ungerechte Mammon wird zur Liebesgabe. Freilich: Diese Zuspitzung hat einen Haken. Schon M. Luther hat die Perikope zu den »loci de operibus« gerechnet, zu den Bibelstellen, die eine Rechtfertigung aus den Werken zu behaupten scheinen. Er hat sich in dieser mißlichen Lage nicht gescheut, den Text so zu »führen«, daß die Fundamentalwahrheit reformatorischer Theologie nicht weiter in Frage stand (vgl. WA 27,299,14). – Trotz dieses Stachels bleibt die Pointe von Vers 9 als urgemeindliche Redaktion bestehen: Wenn der betrügerische Verwalter mit dieser Haltung gelobt wird, um wieviel mehr gilt das für die ersten Gemeinde (Jünger[!], Vers 1a), wenn sie ihren Besitz angesichts des kommenden Gottesreiches aufgibt. Die zweite, Vers 9 einbeziehende Pointe der Parabel, erschöpft sich demnach nicht in einer Ethik vom rechten Umgang mit dem Geld. Vielmehr stellt sie die Ethik in den Horizont der Eschatologie (»aufnehmen in die ewigen Hütten«).

Der ersten und der zweiten Anwendung sind, angezogen vom Stichwort »Mammon«, weitere gefolgt: Verse 10–11; Vers 12; Vers 13. Sie benutzen den ungerechten

Haushalter als abschreckendes Beispiel und betonen die besitzkritische Haltung des Lukas.
Es gilt festzuhalten:
Wer predigt, wird sich entscheiden müssen, ob er eher der ersten oder der zweiten Pointe folgen will.
Folgt er der zweiten, so wird die Frage nach dem verantwortungsbewußten Umgang mit dem Besitz im Vordergrund stehen. Eine Haltung der »splendid isolation« gibt es nicht. Auch die Kinder des Lichtes leben nicht auf der Insel der Seligen. Unter dieser Fokussierung betont der Text das Thema des Vorletzten Sonntags im Kirchenjahr: Christen werden angesprochen auf ihre Weltverantwortung, auf ihr Friedensengagement, auf ihre soziale Rolle. Sie bleiben verstrickt in die Ansprüche ihrer Umwelt und müssen sich ihnen stellen. Die Ansprüche sind individueller und globaler Art. Sie betreffen den Einzelnen, der Rechenschaft für sein Handeln ablegt. Sie gelten Organisationen und globalen Gruppierungen: Inwieweit sind wir Menschen in den westlichen Industrieländern vergleichbar dem ungerechten Haushalter; wo liegt unsere »letzte Chance«? Eine solche Predigt muß sich der Gefahr bewußt sein, ins Moralisieren oder Verurteilen zu geraten.
Wer dagegen den Schwerpunkt auf die erste Pointe legt, wird das »Lob des entschlossenen Handelns« betonen. Der ungerechte Haushalter hat nichts zu verlieren, deshalb kann er alles gewinnen. Dabei gilt es, das Lob uneingeschränkt auszusprechen und die Kritik an dem Betrug des Verwalters nicht zu unterschlagen. Abgrenzung und Identifikation sind beide zugleich da. Darüber hinaus wird zu reden sein von der Freiheit, aus der heraus der Verwalter handelt: »Es ist kein Zwang dabei, daß er Gutes tut, sondern er tuts von selber, frei und ungezwungen.« (E. Mülhaupt (ed.), Luthers Evangelienauslegung, 3. Teil, 1961^{3}, S. 238). Diese Freiheit läßt sich nicht einschüchtern, weder durch Bedrohung noch durch Unverständnis. Sie hat ihre eigene Würde: Der ungetreue Haushalter handelt nicht nur unter dem Druck der letzten Chance, gemäß des tertius usus legis. Aus seinem Verhalten spricht auch die »Lust an der guten Tat«, die in evangelischer Freiheit getan wird, für sich und für andere.
Ich folge in meinem Predigtaufriß der ersten Pointe.

Vorschläge zur Liturgie

Eingangsspruch (-psalm)

»Wenn der Herr, unser Herr, die Gefangenen befreit,
die am Gelde hängen mit Haut und Haar,
gefesselt vom Wohlstandswahn,
gefoltert vom Streben
nach selbstgerechter Sicherheit.

Wenn der Herr, unser Herr, den Gefangenen Träume schickt,
dann werden sie sehen,
wie der Regen in Bächen
die Berge hochfließt,
dann wachen sie auf und kehren um.

Mit Tränen haben wir gesät, mit Fasten, mit Beten,
nun ziehen wir lachend zur Ernte hinaus
und rühmen den Herrn, unsern Herrn,
der freimachen kann.
Wenn Babylon fällt, ist die Freude groß.«

(Arnim Juhre: Der Schatten über meiner Hand. Gedichte. © Radius-Verlag, Stuttgart 1984)

Lesung

Psalm 143 (= Wochenpsalm)

»Herr, heute komme ich, mich einfach vor dir auszusprechen,
einfach vor dir meine Gedanken zu ordnen.
Denn kompliziert genug ist die Sache.
Ich erkenne deutlich, daß wir in einer Gesellschaft leben,
die tausenfaches Unrecht produziert.
...
Ich sehe keinen Weg ...
Ich kann es nicht verhindern,
daß ich selbst tausendmal täglich davon profitiere.
...
Ich erwarte von dir keine Wunderdinge,
nur dieses eine:
genügend Impulse aus deinem Wort,
daß ich die Widersprüche ...
immer als Stachel in meinem Fleisch erfahre,
daß ich nicht müde werde,
nach ... Auswegen zu suchen,
daß ich dem Wunsch nach Bequemlichkeit niemals nachgebe
und daß ich andere dazu inspirieren kann,
mit mir unterwegs zu sein.«

(nach Seidel/Zils, Psalmen der Hoffnung, Aussaat Verlag, Neukirchen-Vluyn, 1982²)

Lieder

EKG 121 (Eingang); Singe, Christenheit, 758 (vor der Predigt); Liederheft für die Gemeinde (Bayern), 680 (nach der Predigt); EKG 139

Vorschläge zur Predigt

Möglicher Predigtanfang

Was war bloß mit Hilde los?

Hilde war eine Kollegin aus der Fortbildungsarbeit; in unserer Arbeitsgruppe nannten wir sie manchmal respektlos »unsere Seniorin«.

Ich kannte Hilde schon seit einigen Jahren. Wir hatten den einen oder anderen Kursus miteinander gehalten. Mit ihr war gut zusammenarbeiten;

ich konnte ihrer Kollegialität sicher sein. Manchmal störte es mich, wenn sie so ängstlich war. Das hatte nichts zu tun mit ihrer abwägenden Art. Die gefiel mir sehr gut; bei ihr konnte man sicher sein, daß sie zum Argument auch noch das Gegenargument suchte, selbst wenn es gegen sie ausging. Nein, das war es nicht. Ängstlich war sie immer dann, wenn sie unserem »hohen, harten Herrn« – so nannen wir einen Vorgesetzten – gegenübertrat. Dann wirkte sie gehemmt, scheu, unfrei. Manchmal ist mir diese Haltung auch in anderen Zusammenhängen aufgefallen: Bei Planungssitzungen, in Konferenzen.
Den Kolleginnen und Kollegen war es schon länger aufgefallen; vielleicht lag es daran, daß wir uns fast jeden Tag sahan, dann nimmt man unmerkliche Veränderungen nicht so recht wahr. Aber nachdem ich erst einmal aufmerksam gemacht worden war, merkte ich es auch: Hilde hatte sich verändert in der letzten Zeit. Sie wurde selbstbewußter, angriffslustiger, rücksichtsloser. Sie setzte sich durch. Es war, als ob sie Freude an der Auseinandersetzung gefunden hätte. Mit einer vorher nicht gekannten Härte und Durchsetzungskraft engagierte sie sich für ihre »Kunden«, ihre Kursteilnehmer: gegen deren Vorgesetzte, gegen die Verwaltung. Gestern allerdings, das war der Höhepunkt. Wir hatten unsere alljährliche Planungskonferenz. Kurse wurden entwickelt und verworfen. Ideen ausgetauscht, Modelle vorgestellt. Sie hat gekämpft wie eine Löwin. Sie hat selbst die Auseinandersetzung mit dem sonst so gefürchteten Vorgesetzten nicht gescheut – und sie hat gewonnen. Das neue Kursprogramm trägt ihre Handschrift! Was mit ihr los war? Als ich sie fragte, meinte sie: »Weißt Du, ich habe mich oft verunsichern lassen und unter Druck gefühlt. Ich habe jetzt noch zwei Jahre, dann gehe ich in Pension. Was habe ich noch zu verlieren? Ich brauche nicht mehr zu schielen, weder hoffend auf Beifall noch ängstlich wegen Kritik. Und es macht mir einen Riesenspaß, mich zu engagieren und sogar zu streiten. Schade nur, daß ich so lange gebraucht habe, bis ich zu dieser Freiheit fand.«

Zum weiteren Verlauf
schlage ich die folgenden Schritte vor:
1. Nacherzählen des Textes und Hinführung auf die Pointe:
- Bereit sein zum entschlossenen Handeln. Ihm gelten das Lob und die Anerkennung Jesu.
2. Charakteristika des »entschlossenen Handelns« sind:
- Es ist getragen von der Verantwortung für mich selbst und für andere. (Der Verwalter hilft sich selbst und den Schuldnern.)
- Es geht in der Regel nicht ohne »schmutzige Hände«, d.h. eigene Schuld (der Betrug des Verwalters wird nicht gelobt) und
- Verletzung ab (es bleibt dabei: Der Verwalter verliert seine Stelle).
3. Grundsätzlich gilt: Es ist freies und ungezwungenes Handeln, daß sich nicht einschüchtern läßt, weder durch Bedrohung noch durch Unverständ-

nis. Es gewinnt seine Freiheit daher, daß es sich unter dem Lob und dem Zuspruch Jesu weiß.

Möglicher Schluß
Was war bloß mit Hilde los?
Eine, die sich immer geduckt hatte, erhob sich.
Sie setzte sich ein, für ihre eigene Sache, aber vor allem auch für die, die ihre Hilfe brauchten. Sie nutzte die Chancen. Sie war ideenreich im Finden neuer Wege.
...
Wo gibt es für uns Beispiele, zu handeln wie Hilde? Wo spüren wir selbst die »Lust zur guten Tat«?
...
Sie ist freies, ungezwungenes Handeln. Sie gewinnt ihre Freiheit daher, daß sie der Zustimmung Jesu sicher ist.

Kontexte

Als Alternative zum vorgeschlagenen Predigteinstieg schlage ich vor: Bertolt Brecht, Die unwürdige Greisin (in: ders., Geschichten, Frankfurt 1965, S. 139ff.). Es ist die Geschichte einer alten Frau, die zwei Leben hintereinander lebt: Das erste in Knechtschaft, als Tochter und als Frau und als Mutter; das zweite in Freiheit, »das Brot des Lebens (aufzehrend) bis auf den letzten Brosamen«.

Als Alternative zum möglichen Schluß verweise ich auf: Rose Ausländer, Erfinden, in: W. Erk (ed.), Hoffnungstexte, Stuttgart 1990[3], S. 55:

»Erfinden

Hast du eine
neue Legende erfunden:
daß Frieden
die Welt umarmt

Lebst du nicht
von Krieg zu Krieg
von Angst zu Angst

immer wieder
auf der Flucht
nach einer Osterinsel

...

Erfinde eine neue List:
wie ein Mensch
dem andern helfen kann«

Buß- und Bettag

Predigttext: Matthäus 12,33–35(36–37)

Birgit Brügge-Lauterjung

Theologisch-homiletische Skizze

Eigentlich wäre am Buß- und Bettag den wenigen Gottesdienstbesuchern gegenüber davon zu reden, daß Buße eine fröhliche Sache ist. Eigentlich wäre davon zu sprechen, daß wir als Christinnen und Christen den unbestreitbaren Vorteil haben, daß wir umkehren, neu anfangen dürfen, wo andere nur das Ende sehen können. Eigentlich wäre zu predigen von der Hoffnung, die Gott immer noch in uns setzt und die neues Leben möglich macht für mich persönlich, für die Welt.

Eigentlich wäre die Einladung zur Buße auszusprechen – doch die setzt die Möglichkeit zur Buße voraus. Und eben diese bestreitet der Predigttext. Kontraproduktiv zum Gedanken der Umkehr legt er den Menschen fest auf das, was er hier und heute ist. Und wer der Mensch ist, wird aus seiner Rede und aus seiner Tat gefolgert. Der Sünder wird mit der Sünde verdammt. Nicht ein Wort von Gnade, nicht eine Spur von Rechtfertigung. Der Text beschreibt einen Sachverhalt, an dem scheinbar nicht zu rütteln ist. Und damit steht er eher am Rande der biblischen Überlieferungen, die doch in ihrer Gesamtheit trotz bisweilen pessimistischer Menschenbilder (vgl. Genesis 4; Genesis 8,21) die grundsätzliche Offenheit eben dieses Menschen für Gottes Ruf zur Veränderung bezeugen.

Eine gesamtbiblische Perspektive ist also notwendig, um den Text in seinem relativen Gewicht würdigen zu können. Denn das hier im Munde Jesu vermittelte Gottes- und Menschenbild ist durch Jesus selbst überwunden worden, das den Sünder gerechtsprechende Urteil Gottes an Jesus selbst vollzogen. Ich entscheide mich für eine Betrachtung des Predigttextes aus gesamtbiblischer Sicht und beschränke mich dabei auf die Verse 33–35. Denn die Verse 36–37 wenden sich noch einmal dem Gerichtsgedanken zu. Wer jedoch über den ganzen Text predigen möchte, der sei – gleichsam als Korrektiv – verwiesen auf die Berufungsgeschichten der Bibel: Was wäre mit so klassisch festgelegten Charakteren wie Mose, wie David, wie Saulus/Paulus, wenn sie nach ihren Taten gerichtet worden wären? Anthropologische Festlegungen sind für Gott kein Hindernis. Seine Möglichkeiten sind größer.

Und so möchte ich in meiner Predigt den Text mit seiner nüchternen Feststellung über das Festgelegtsein des Menschen ernstnehmen als Grund des Erschreckens und als exemplarisches Lehrstück über die Notwendigkeit der Buße. Aber ich möchte darüber hinaus Gottes durch nichts zu begrenzende Offenheit zur Sprache bingen. So, denke ich, rückt der Kasus Buß- und Bettag den Text in das Licht der Frohen Botschaft.

Vorschläge zur Liturgie

Eingangspsalm

Psalm 51,3–6.11–14; alternativ dazu: Psalm 1 nach »Gottesdienst menschlich 2«, S. 38: Der ist gut dran, der falsche Ratgeber durchschaut, / der sich

von schlechten Vorbildern nicht verleiten läßt / und die Wege nicht geht, die in Schuld enden müssen. / Der ist gut dran, der sich nicht zu denen hält, / die gedankenlos über Gott reden / und spöttisch über Menschen, die glauben. / Der ist gut dran, der sich Gedanken macht, / der zu begreifen sucht, was er glaubt und wofür er lebt. /
Der ist wie ein gesunder Baum, / voll im Laub, gut in der Frucht. / Der verbringt sein Leben nicht nutzlos, / und woran er arbeitet, das wird nicht vergeblich sein. / Denn wer nach Gott fragt, der entdeckt das Leben, / das lohnen wird und sich bewährt.

Kyrie

Fruchtlos
bleiben
all meine Versuche
noch einmal
die Richtung zu ändern
neue Schritte zu wagen
mein Leben neu zu gestalten
wenn du
Gott
nicht den Mut
dazu gibst

Fruchtlos
bleibt
all mein Bemühen
ein anderer
Mensch zu werden
liebevoller
geduldiger
wenn du
Gott
nicht den Geist
dazu gibst

Fruchtlos
bleibt
all unser Reden
und Tun
für mehr Gerechtigkeit
Frieden
Bewahrung der Schöpfung
wenn du
Gott
nicht den Segen
dazu gibst

Zuspruch

Christus spricht: Nicht ihr habt mich erwählt, sondern ich habe euch erwählt und bestimmt, daß ihr hingeht und Frucht bringt und eure Frucht bleibt. (Johannes 15,16)

Kollektengebet

Du Gott des Lebens,
komm mit deinem Geist in unsere Leere,
komm mit deiner Liebe in unsere Enge.
Unter der Kraft deines Geistes,
unter der Macht deiner Liebe,
können wir uns verändern,
können wir zu Menschen werden,
die dir Gott ähnlich sind.
Durch Jesus Christus.

Schriftlesung

Neben der vorgesehenen Schriftlesung Römer 2,1–11 schlage ich vor: Johannes 15,1–8.

Schlußgebet

Früchte deines Geistes,
Gott:
Liebe und Freude,
Friede und Geduld,
Freundlichkeit und Güte.

Früchte deines Geistes,
Gott –
überall warten Menschen auf sie,

die Frucht der Liebe
für alle, die unerwünscht sind,
und denen wir lieblos begegnen,

die Frucht der Freude
für alle, die traurig sind
und keine Lust mehr am Leben haben,

die Frucht des Friedens
für alle, die in Streit und Krieg leben
und keinen Weg zur Versöhnung finden,

die Frucht der Geduld
für alle, die mit schwierigen Menschen umgehen müssen
und darüber oft verzweifeln,

die Frucht der Freundlichkeit
für alle, die verbittert sind
und kein Vertrauen mehr haben zu anderen Menschen,

die Frucht der Güte
für die, die Fehler gemacht haben
und einen neuen Anfang suchen.

Früchte deines Geistes,
Gott,
laß sie wachsen
in mir,
in deiner Gemeinde –
damit alle Welt erkennt,
daß du es gut mit uns meinst!

Liedvorschläge
EKG 129,1–4; EKG 385; aus dem Landeskirchlichen Liederteil für Rheinland, Westfalen und Lippe: EKG 510 »Laß mich, o Herr, in allen Dingen«; aus dem Beiheft »Singt und dankt«: 650 »Kehret um«; 654 »O, Herr, nimm

unsre Schuld«; 672 »Gott, den wir suchen«; aus »Mein Liederbuch«: B 102 »Ich lobe meinen Gott«; aus »Halleluja«: Nr. 121 »Wes Geistes Kind sind wir«.

Vorschläge zur Predigt

Möglicher Predigtanfang
»Der Apfel fällt nicht weit vom Stamm.«
»Wie der Herr, so's Gescherr.«
»Jeder so, wie er's verdient.«
»An ihren Früchten sollt ihr sie erkennen.«
Kurz und bündig. Das sitzt. Wer du bist, darüber entscheidet deine Herkunft. Daß es dir eines schönen Tages so gehen würde, war doch abzusehen. Was für ein Mensch du bist, das sehen wir ja. Treffende Sprüche. Ist das Lebensweisheit? Oder einfach nur blanke Unbarmherzigkeit? Bis ins Mark können solche Sprüche einen Menschen treffen. Sie treffen – und sie nageln fest: So bist du, und so bleibst du. Erwartet hatten wir von dir sowieso nichts anderes. Und du hast es auch nicht besser verdient.
Ein niederschmetterndes Urteil über einen hoffnungslosen Fall.

Zum weiteren Verlauf
Aber es kommt noch dicker:
»Ihr Schlangenbrut, wie könnt ihr Gutes reden, die ihr böse seid? ... Ein guter Mensch bringt Gutes hervor aus dem guten Schatz seines Herzens; und ein böser Mensch bringt Böses hervor aus seinem bösen Schatz.«
So einfach ist das: entweder du bist gut – oder du bist böse. Entweder du gehörst zu der ersten Sorte Mensch, dann geht's dir auch gut – oder du gehörst zu der anderen: zu den hoffnungslosen Fällen, bei denen immer nur Böses herauskommt. So oder so: deine Taten verraten es, ob du ein guter oder ein mieser Typ bist. Auch wenn wir es uns heute nicht mehr so ganz einfach machen – auch wir haben unsere Kriterien, auch wir haben unsere Schubladen, in die wir die Menschen einsortieren. Und das nicht etwa, weil wir allzu laienhafte Menschenkenntnis hätten – die psychologische Wissenschaft selbst verfährt ganz ähnlich.
Wer diese Aussagen gerne belegen oder vertiefen möchte: Schon im 4. Jh. v. Chr. hat der griechische Arzt Hippokrates die Menschen in vier verschiedene Temperamente unterteilt: sanguinisch, melancholisch, cholerisch, phlegmatisch. In unserer Zeit hat der Tiefenpsychologe C.G. Jung acht mögliche Typen beschrieben, die sich aus der unterschiedlichen Kombination von drei Funktionspaaren ergeben: Extraversion – Introversion; Empfinden – Intuition; Denken – Fühlen. C.G. Jung geht davon aus, daß jeder Mensch jeweils eine der beiden Möglichkeiten bevorzugt, woraus sich eben acht mögliche Typen ergeben. Der Psychoanalytiker Fritz Riemann unterscheidet vier

Grundtypen: den schizoiden, depressiven, zwanghaften und den hysterischen. Die wiederentdeckte sufistische Typenlehre des »Enneagramms« unterscheidet neun »Gesichter der Seele«.

Doch ganz gleich, welcher psychologischen Typenlehre man mehr abgewinnen kann – sie alle haben eines gemeinsam: Da gibt es eine begrenzte Zahl von Charaktertypen, auf die sich die Menschheit verteilt. Ich bin also ein Choleriker oder eine extrovertiert-intuitive Denkerin oder ein depressiver Typ – je nach psychologischer Schule. Auf jeden Fall bin ich festgelegt. Und ich merke: so ganz behagt mir das alles nicht ...

Ganz besonders ungerecht ist es, wenn uns einer aufgrund einer einzigen Tat festlegen will. So nach dem Motto: einmal gelogen – immer Lügner, einmal geklaut – immer Dieb. Was soll man da noch sagen? Du hast getan – also bist du. Diese Gleichung läßt mir keinen Spielraum. Ich habe keine Chance. Das, was Jesus hier über den Menschen sagt, führt uns nah heran an diese Erfahrung von Ungerechtigkeit: nur weil ich einmal so oder so reagiert habe, nur weil ich dies oder jenes getan habe, bin ich für alle Zeit abgestempelt, festgelegt. Du redest böse – du bist böse. Du bist einmal aus der Haut gefahren – du bist ein Choleriker. Du hast einmal scharf reagiert – du bist ein bissiger Typ. Von einer einzigen Tat wird auf den ganzen Menschen geschlossen. Da ist die Basis doch viel zu schmal für ein endgültiges, ja vielleicht sogar vernichtendes Urteil!

Wer möchte, kann hier den Gedanken über den Zusammenhang von Tat und Täter weiterverfolgen: Selbst bei Heranziehung einer ganzen Palette von Taten stellt sich die Frage: Ist der Mensch die Summe seiner Taten? Was ist mit seinen guten Absichten – an deren Scheitern er oftmals unschuldig ist?

Doch ganz gleich, ob die Basis für die Beurteilung nun breit oder schmal ist: Der Kern für unser Unbehagen ist doch die Tatsache, daß wir überhaupt festgelegt werden sollen! Ich bin doch ein freier Mensch, der mal so und mal anders reagiert – auf jeden Fall bin ich einzigartig und verhalte mich so, wie ich es will.

Ein freier Mensch? Wirklich?

Festgelegt-Sein, das kann es auch noch ganz anders geben: »Ich bin eben so – ich kann's nicht ändern.« – »Ich kann nicht raus aus meiner Haut.« – »Ich kann nicht über meinen Schatten springen.« Da stoßen wir auf unsere eigenen Festlegungen. Was hat nicht alles dazu geführt, daß ich heute so bin, wie ich nun mal bin! So bin ich erzogen; so bin ich aufgewachsen; so habe ich es gelernt. »Der Apfel fällt nicht weit vom Stamm« ... Das ist die Wahrheit an diesen Sprichwörtern. Das ist die Wahrheit an unserem Bibeltext. Lebensweisheit, die unbarmherzig offenlegt, wie es mit mir ist. Es gibt Merkmale in meinem Leben, die werde ich nie wieder los – so sehr ich das auch bedauern mag.

Hier ist Raum für Beispiele von mehr oder weniger gravierenden Charakterschwächen, die bisweilen kokettierend entschuldigt werden: so bin ich nun mal ... Ein mögliches Beispiel für fundamentale irreversible Festlegungen:

auch der abstinent lebende Alkholkranke bleibt bis an sein Lebensende Alkoholiker.

Ist damit nun das letzte Wort gesprochen über mich und über mein Leben? So bin ich und so muß ich bleiben und ich habe es auch nicht anders verdient? Bin und bleibe ich ein fauler Baum, der nur faule Früchte bringen kann?

Das wäre schlimm! Wieso dann noch Buß- und Bettage – wenn sowieso schon alles festgelegt und entschieden ist? Redet nicht die Bibel selbst immer wieder von »Umkehr«, von »Erneuerung« und »Wiedergeburt«, ja von »neuer Kreatur«?

Nein, das letzte Wort über mich und mein Leben hat Gott gesprochen. Und er hat es in Jesus Christus gesprochen. Der aber ruft Menschen immer wieder zur Umkehr: eure Festlegungen hat Gott aufgehoben – ändert euren Sinn!

Wohlgemerkt: nicht allein unsere Taten sollen wir ändern. Umkehr geht tiefer, dringt vor bis zum Kern, verändert Menschen von innen heraus. Nicht die Früchte, sondern den ganzen Baum will Gott erneuern. Immer wieder wird die Begegnung mit Christus in der Bibel so beschrieben, daß Menschen dadurch in ihrem Innersten verändert werden.

Zu denken wäre dabei an Geschichten wie die Heilung des Gelähmten (Markus 2,1–12), die Umkehr des Zachäus (Lukas 19,1–10), oder auch die Bekehrung des Saulus/Paulus (Apostelgeschichte 9,1–19).

Solche Umkehr können wir nicht selbst bewirken. Es gibt keine Technik, mit der ich mich selbst befreien und erneuern könnte. Es gibt kein psychologisches Rezept, das wir bloß anzuwenden brauchten – und schon wäre der neue Mensch kreiert. Umkehr, das ist immer und zu allererst Gottes Sache, Gottes Geschenk an uns Menschen. Der »gute Schatz in meinem Herzen«, aus dem heraus ich Gutes tun und Gutes reden kann, das ist Gottes Geschenk an mich.

Zur Veranschaulichung dieses Gedankens eignet sich der Holzschnitt von Sigmunda May: der lebendige Baum mit Christus als Mitte. (s.u. S. 291)

Als Schlußfolgerung und zusammenfassendes Ziel der Predigt ergibt sich für mich:

1. Ich sehe den anderen Menschen nicht an auf das, was er tut, sondern auf das, was er werden könnte, wenn er Gott begegnet. Ich spreche ihn eben nicht auf seine Festlegungen an, sondern auf seine guten Möglichkeiten. (Beispiel: das milieugeschädigte Kind mit seiner scheinbar eindeutigen »Karriere«-Prognose. In ihm steckt mehr – Gottes Möglichkeit.)

2. Es gibt für mich als Menschen keine Möglichkeit, mich grundlegend zu verändern. Umkehr ist immer Gottes Möglichkeit mit mir.

3. Allem Eindruck, den eine isolierte Betrachtung des Predigttextes hervorrufen muß, zum Trotz: Wir laden ein zu Christus, der Menschen nicht festlegt, sondern festgelegten Menschen neues Leben eröffnet.

Möglicher Schluß
Wenn Gott uns Menschen zur Umkehr ruft, dann muß der Apfel gar nicht so sein wie der alte Stamm. Dann kann doch im Gescherr viel Gutes stecken, auch wenn der Herr nichts taugt. Dann bekommt jeder von uns viel mehr geschenkt, als er sich jemals verdienen kann. Dann wird man uns an den guten Früchten erkennen.
Denn Christus sagt: siehe, ich mache alles neu!

Kontexte

Zum Stichwort »Früchte«
»Hilf mir und segne meinen Geist / mit Segen, der vom Himmel fleußt, / daß ich dir stetig blühe; / gib, daß der Sommer deiner Gnad / in meiner Seele früh und spat / viel Glaubensfrücht erziehe.
Mach in mir deinem Geiste Raum, / daß ich dir werd ein guter Baum, / und laß mich Wurzel treiben. / Verleihe, daß zu deinem Ruhm / ich deines Gartens schöne Blum / und Pflanze möge bleiben.«
(Paul Gerhardt, EKG 371,13+14)

Zum Stichwort »Festlegungen«
»Es ist bemerkenswert, daß wir gerade von dem Menschen, den wir lieben, am wenigsten aussagen können, wie er sei. Wir lieben ihn einfach. Eben darin besteht ja die Liebe, das Wunderbare an der Liebe, daß sie uns in der Schwebe des Lebendigen hält, in der Bereitschaft, einem Menschen zu folgen in allen seinen möglichen Entfaltungen. Wir wissen, daß jeder Mensch, wenn man ihn liebt, sich wie verwandelt fühlt, wie entfaltet, und daß auch dem Liebenden sich alles entfaltet, das Nächste, das lange Bekannte. Vieles sieht er wie zum ersten Male. Die Liebe befreit aus jeglichem Bildnis. Das ist das Erregende, das Abenteuerliche, das eigentlich Spannende, daß wir mit den Menschen, die wir lieben, nicht fertigwerden: weil wir sie lieben; solang wir sie lieben.
...
Unsere Meinung, daß wir das andere kennen, ist das Ende der Liebe, jedesmal ... nicht weil wir das andere kennen, geht unsere Liebe zu Ende, sondern umgekehrt: weil unsere Liebe zu Ende geht, weil ihre Kraft sich erschöpft hat, darum ist der Mensch fertig für uns. Er muß es sein. Wir können nicht mehr! Wir kündigen ihm die Bereitschaft, auf weitere Verwandlungen einzugehen.
...
In gewissem Grad sind wir wirklich das Wesen, das die anderen in uns hineinsehen, Freunde wie Feinde. Und umgekehrt: Auch wir sind die Verfasser der andern; wir sind auf eine heimliche und unentrinnbare Weise verantwortlich für das Gesicht, das sie uns zeigen, verantwortlich nicht für ihre Anlage, aber für die Ausschöpfung dieser Anlage. Wir sind es, die dem Freunde, dessen Erstarrtsein uns bemüht, im Wege stehen, und zwar dadurch, daß unsere Meinung, er sei erstarrt, ein weiteres Glied in einer Kette ist, die ihn fesselt und langsam erwürgt.«
(Max Frisch, Tagebuch 1946–1949. © Suhrkamp Verlag, Frankfurt/M. 1950, S. 26-28)

Zu Matthäus 12,36+37 (Stichwort »Worte«)

»...
Wir denken allumfassend / im Weltmaßstab / und fühlen engherzig.
Wir erklären den Verzicht / und zünden die Zigarette an.
Wir predigen Wasser / und trinken Wein.
Wir sagen Eintopf / nach einem Rezept aus der Dritten Welt / und bestellen Cordon bleu.
Wir protestieren / Kernkraft – Nein danke / und fliegen in den Urlaub.
Wir nennen uns christlich / und plakatieren Haß.
Wir posaunen / Vergebung hinaus / über Lautsprecher / und lassen uns / so schnell nichts gefallen.
Eines Tages aber / sagen wir nichts mehr. / Es hat uns die Sprache / verschlagen. / Wir schweigen.
Gott hat das Wort / genommen.«
(Manfred Fischer, Einmischung in innere Angelegenheiten, Stuttgart 2/1981, S. 46)

»NACH EINER MESSFEIER IN L. NOTIERT
Redet nicht so daher / auf den Kanzeln / ich bitte euch, Brüder, / mit diesen glatten / und fertigen Stimmen, / die alles wissen und darum / nicht einmal nichts / von allem begreifen.
Redet nicht so daher, / ich bitte euch, Brüder, / von Gott und der Welt / und was ihr so nennt / das Gebet, denn ihr / lebt von der Gnade.
Redet nicht so daher / routiniert und rasant / da ihr Brot nehmt und Wein / das Geheimnis des Glaubens / ihr kündet den Tod / des Herrn bis er kommt.
Ergreift das Wort nur / das euch ergriffen hat / seid lieber still / daß wir hören im Schweigen / und wie auf den Knien / das Wort von Gott.«
(Lothar Zenetti, Texte der Zuversicht. Verlag J. Pfeiffer München 6/1987, S. 237)

(Senfkorn-Hoffnung, Markus 4,30–32, Holzschnitt von M. Sigmunda May, 1978)

an ihren früchten
sollt ihr sie
erkennen
ein guter baum
bringt
gute früchte
ein fauler baum
faule früchte

früchte der erkenntnis
denn

auf das innere
kommt es an
das wesentlich ist
die mitte

ein mensch
die arme ausgebreitet
menschenhände
empfangen
von ihm
geben weiter
früchte
lebendige früchte
ein lebendiger baum

der weinstock
das bin ich
sagt jesus

und ihr
seid die reben
wer in mir bleibt
und ich
in ihm
bringt frucht
viel frucht
wächst
über sich selbst
hinaus
reicht
empfangene liebe
weiter

auf die mitte
des menschen
kommt es an

in der mitte
der gekreuzigte
die arme ausgebreitet

denn
ohne mich
könnt ihr
nichts tun

(Text: Birgit Brügge-Lauterjung)

Letzter Sonntag des Kirchenjahres

Predigttext: Lukas 12,42–48

Helmut Zeilinger

Theologisch-homiletische Skizze

Mir liegt daran, Charakteristisches dieses Sonntags, Spezifisches der Perikope und aktuelles Erleben in Zusammenhang zu bringen. Dieser Sonntag wird – im Volksbewußtsein, in Pressekommentierungen auf der Lokalseite, in Gottesdienst-Akzenten – unterschiedlich charakterisiert. Entweder liegt der Ton auf »Totensonntag«, was durch entsprechendes Gedenken der Verstorbenen unterstrichen wird. Oder das Signal heißt »Ewigkeitssonntag« und stellt so in alternativer Blickrichtung dem Abgeschlossenen Weiterführendes gegenüber, fragt angesichts des Vergänglichen nach dem, was bleibt und was Leben qualifiziert.

Die formalere Bezeichnung »Letzter Sonntag des Kirchenjahres« läßt zusätzliche Assoziationen zu. Sie macht aufmerksam: Da geht ein – zunächst zeitlich definierter – bisheriger Lebensraum zu Ende. Dahinter öffnet sich zugleich automatisch und in gewohnter zyklischer Folge ein Neuanfang. Aber die Erwähnung eines »letzten« Sonntags ruft zugleich etwas wach, was uns zunehmend begleitet und bedrückt: Ängste über ein mögliches Ende aller Lebensräume für Menschen, Tiere und Pflanzen, für Wasser, Luft und Boden – ohne daß sich automatisch Neuanfänge auftun.

Für die jeweiligen Motive und auch für die Wirkungsgeschichten dieser drei unterschiedlichen Sonntagsnamen wird eine ziemliche Bandbreite anzunehmen sein zwischen solidarischem Leben, Ermutigung zum Leben, Übernahme von Verantwortung auf der einen Seite und – auf der anderen Seite – Trauern, Vertrösten, Beschwichtigen, Verdrängen dessen, was Leben stört und zerstört und wie solche lebensfeindlichen Prozesse angegangen werden könnten.

Ich möchte versuchen, alle Akzente aufeinander zu beziehen und das auch liturgisch zu verknüpfen mit der Erinnerung an gestorbene Mitglieder der Gemeinschaft (Verlesen ihrer Namen) und – wenn wie in den Vorjahren möglich – mit dem Vollzug von Taufen. In solcher Gleichzeitigkeit berühren sich mehrere Lebenserfahrungen:

– Binden und Lösen, (Mit)Lachen und (Mit)Weinen: Alles hat im Sinn von Prediger Sal. 3 »seine Zeit«.

– Das Sterben stellt nicht nur das Leben in Frage, sondern gehört zum Leben. Ja, die Toten, denen wir die Augen schließen, können uns gerade die Augen öffnen. Im Aufnehmen des Erbes der Toten respektieren wir ihr Leben und fördern das unsre, so wie der Tod Jesu dem Leben anderer Sinn und Richtung gab bis heute.

– Die Taufe spricht die Lebenslust und Lebensfülle an und die Originalität jedes Einzelnen. Die Chancen der Talente der Vielen bereichern zugleich das gemeinsame Leben und – Taufe als Beauftragung! – fordern die Verantwortung füreinander und für die »Bewahrung des Lebens« heraus.

Mit der Lukas-Perikope sehe ich die Möglichkeit, konkreten Lebenslinien und Todeslinien nachzugehen. Dabei reizt mich vor allem die Variante, die Lukas zur vorgefundenen Tradition beisteuert: die Verantwortung dessen, der als »Ökonom« vorgestellt wird (Vers 42). Dieses Bild vom »Haushalt« und von der »Haushalterschaft« möchte ich herausstellen und konkretisieren mit den ökonomischen und ökologischen Herausforderungen.

Die Zeit des Gedankensammelns für dieses Manuskript ist überschattet von den erschütternden Nachrichten über den nicht zu bremsenden Krieg im ehemaligen Jugoslawien und über die dort »geschlagenen« Menschen (vgl. Vers 45); von der verzweifelten Lage der hungernden Bevölkerung in Somalia; von der immer katastrophaler bedrohten Erde, ihrer Lebewesen und Lebensmittel; von der Hilflosigkeit der Deklarationen des UNCED-Gipfels in Rio oder des Weltwirtschaftsgipfels in München.

Und dann daneben und gegen alle Depressionen z.B. die Nachricht von der »Auferstehung« der ehemals zwangsumgesiedelten schwarzen Mogopa-Leute auf ihrem angestammten Land in Südafrika: Diese »zerschlagenen Knechte und Mägde« hatten nicht lockergelassen und haben mit Hilfe anderer den Neuanfang erkämpft und nehmen jetzt in den noch zerstörten alten »Haushalt« Gruppen mit ähnlichem Schicksal auf.

Mit Lukas ist zu fragen, ob gegen die vielseitig drohende Erfahrung vom »Ende« noch »rechtzeitig« genug (Vers 42) das getan und gegeben werden kann, was das Leben der anvertrauten Menschen und Güter erhält. »Kairos« ist ein jetzt vermehrt hörbares Signal. Ich denke an die »Kairos-Dokumente« aus südafrikanischen Kirchenkreisen oder von Gruppen anderer Südländer unserer Erde (»Auf dem Weg nach Damaskus«) oder an das »Kairos-Europa«-Treffen in Strasbourg an Pfingsten in diesem Jahr: Wahrzeichen dafür, daß »der Herr« immer noch Menschen beauftragt, den rechten Zeitpunkt zu erkennen (vgl. Lukas 19,42) und dann das zu tun und zu geben, was allen an Leben »zusteht«. So könnte an vielen Stellen das »Bedenken, daß wir sterben müssen« (Psalm 90,12) zum Wahrnehmen des Lebens führen (»carpe diem!«) und der »Morgenglanz der Ewigkeit« (gemeint: das Einleuchtende der Jesusgeschichte) unsere Liebe wecken, »daß wir, eh wir gar vergehn, recht aufstehn« (EKG 349).

Vorschläge zur Liturgie

Lieder

Zum Eingang: EKG 185,1–3; 207,1–4+8; 218,1+2+4.

Lobvers: EKG 336,1+3+4; 349,3.

Vor der Predigt: EKG 335,4–7; 349,1–3; 383,1+2+5; »Herr, wir warten auf dein Kommen« (in: Anhang 77 Nr. 844,1–5; u.U. je zwei Strophen auf Melodie EKG 217).

Nach der Predigt: EKG 385,3+5+6.

»Hilf, Herr meines Lebens, daß ich nicht vergebens« (in: Anhang 77 Nr. 616,1–4); »Gott gab uns Atem« (in: Mein Liederbuch 2, tvd-Verlag Nr. B 191); »Wenn das Brot, das wir teilen« (in: Mein Liederbuch 2, tvd-Verlag Nr. B 230); »Jetzt ist die Zeit, jetzt ist die Stunde. Heute wird getan oder auch vertan, worauf es ankommt, wenn ER kommt« (Lied von A. Albrecht/ L. Edelkötter; mir nur als »Zettellied« zur Hand ohne Quellenangabe mit 7 Strophen).

Zum Schluß: EKG 185,6; 247,2.

Biblische Eingangsworte
Psalm 24; Psalm 90,12; Micha 6,8; 1. Korinther 4,1+2; 1. Petrus 4,10; 1. Johannes 3,14.

Sündenbekenntnis (etwa nach vorangegangenem Zitat von 1. Johannes 3,14)
Wir sehen in unserer Welt mehr Tod als Leben und nah und fern so viel Ende – großer Gott! – und leben doch weiter, als sei nichts geschehen. Wir sehen, daß das Leben von Menschen um uns zu Ende geht und verdrängen den Gedanken an gleiches Erleben ganz hautnah. Wir sehen und hören vom Ende von Menschenleben und Pflanzen und Tieren und verhalten uns im Verkehr doch so, als ginge uns das nichts an. Wir sehen das Ende von Menschen in Hunger und Verfolgung, Haft und Krieg und wollen nicht wahrnehmen, wie wir daran beteiligt sind – auch daran, daß Neues aufbrechen könnte: neue Gerechtigkeit, neue wirtschaftliche Ordnungen, neue Politik. Wir hoffen, daß unsere Schuld nicht das Letzte ist, was über uns zu sagen ist, und sie nicht eigenem und anderem Leben im Weg steht; daß wir kraft Gottes das Ende überwinden und zu einem Neuanfang kommen und beitragen. Das bekräftigen wir, wenn wir gemeinsam rufen: »Herr, erbarme dich!«

Wort der Ermutigung
Johannes 15,16a.b; 2. Thessalonicher 3,3+5; 2. Timotheus 2,13; Offenbarung 22,13 + 21,5.

Kollektengebet
(nach einem Text von Lothar Zenetti, in: Anhang 77 Nr. 885,1+3)
»Wir sind mitten im Leben zum Sterben bestimmt; was da steht, das wird fallen ... Wir sind mitten im Sterben zum Leben bestimmt; was da fällt, soll erstehen.« Wir danken Gott, daß das Ende unserer Sicht nicht das Ende von allem ist. Möge uns Gottes Sicht aufgehen!

Lesung der Namen der Gestorbenen
(mit Angabe von Lebensalter und Monat des Sterbens)
Menschen, an die wir uns erinnern. So lese ich jetzt die Namen der ... (Anzahl) Menschen, die seit dem letzten Jahr gestorben sind. Jeweils nach einigen Namen werde ich Sie bitten, einzustimmen in die Psalm-Bitte »Herr, lehre uns bedenken, daß wir sterben müssen, damit wir klug werden« (jeweilige Einleitung: »Wir beten mit dem Psalm ...«).

Lesungen
(nach der Lesung der Namen der Gestorbenen)
Überleitung, wenn z.B. Jesaja 65,17–25 und Offenbarung 21,1–7 gewählt wird:
Wofür haben alle diese Menschen gelebt? Was gebaut, gehofft, geträumt? Was mit dem ihnen Möglichen beigetragen zu einem Leben im Sinn Gottes,

das bleibt und eines Tages überhandnehmen wird? – Menschen vor ihnen haben ihre Träume in dieser Richtung formuliert und damit Lust geweckt auf eine Welt, die nicht mehr geprägt sein wird davon, daß immer wieder alles endet, was gerade gut angefangen hat. (Es folgt Lesung aus Jesaja 65 und Offenbarung 21).
Andere Bibelstellen: Jesaja 58,2–4a.6–9(–12); Matthäus 25,31ff.; Apostelgeschichte 4,32–35

Fürbittengebet
Gott, du hast uns so viel und so viele anvertraut. So denken wir in unserem Beten heute besonders an Menschen, die allein sind: alleingelassen durch Tod, durch Trennung, durch Scheidung; die damit nicht zurechtkommen; die sich zurückziehen und meinen, sie seien jetzt weniger willkommen als zu zweien zuvor.
Wir leben und beten für Menschen, die Kranke und Sterbende begleiten: Familien, Ärzte, Schwestern, Pfleger: Menschen, die sich dabei zum Teil völlig verausgaben, weil sich manche Kranke jedes Recht herausnehmen; wir möchten auf sie aufmerksam werden und sie stärken und ihnen Mut machen auch einmal zu einem Nein. Wir leben und beten dafür, daß Menschen im Umgang mit Kranken und Sterbenden und mit denen, die's schwer haben, Blick und Gehör und Gespür bekommen auch für unscheinbare, leise Signale, für versteckte Bitten um Nähe und Begleitung und Wahrheit.
Wir leben und beten für die, die Angst haben, weil sie mögliches Kranksein ahnen, aber nicht bereit sind, das klären und sich dabei helfen zu lassen; für Menschen, denen man bedeutet, daß ihre Krankheit sie vom bisherigen Leben und Arbeiten ausschließt. Wir möchten wach werden für Möglichkeiten, daß sie weiterhin teilnehmen können.
In unserem Beten und Leben stellen wir uns hinter Menschen, die am Ende sind: am Ende ihrer Sicht, ihrer Beziehung, ihrer Kraft, ihrer Liebe, ihres Glaubens, ihres Hoffens: Sie sollen sehen können, daß sie nicht allein sind und daß es nicht das Ende überhaupt ist, sondern nur das Ende ihrer Sicht.
Wir stellen uns hinter Menschen, die wie in ... (konkrete Orte nennen) sich zwischen alle Fronten wagen und Gesicht, Namen, Position riskieren, wenn sie ihre Hände nach mehreren Seiten zu einem Neuanfang reichen. Wir beten für viele solcher Neuanfänge.

Einleitung zum Segen
Zu Weihnachten gehört schon die ganze Zeit *vor* Weihnachten. Zur »Ewigkeit« gehört schon die ganze Zeit *davor* – von ihr gefüllte, geprägte Zeit. Zu solchem Prägen und Geprägtsein, Erfüllen und Erfülltsein segnet uns unser Gott ...

Vorschläge für die Predigt

Möglicher Anfang

Wieder einmal haben wir vorhin Namen von Menschen gehört, die vor einem Jahr noch mit uns lebten. Wir erinnern uns ihrer Gesichter. Und der Gesichter derer, denen sie wichtig waren. Zum Teil wissen wir auch etwas von dem, was ihnen selbst wichtig war; woran sie gearbeitet, wofür sie gelebt haben, was sie erreichten und worauf sie hofften.

– Alles vorbei? – Aber doch nicht die Gesichter derer, mit denen sie nah verbunden waren. Da sind jetzt noch ihre Spuren abzulesen. Nicht vorbei ist auch, was ihnen wichtig war, weil's zum Teil ja auch uns wichtig ist. So können wir ihre Lebenslinien ein Stück weit aufgreifen und verlängern und voranbringen, was sie angefangen haben. Und zum Teil wirken auch die noch weiter, deren Niedergeschlagenheit und Tod wir täglich in den Nachrichten mitbekommen. Sie, deren Augen sich geschlossen haben, können noch aus ihrem Tod heraus anderen – vielleicht auch uns – die Augen öffnen: für das, was geschehen ist, und für die Hintergründe und Konsequenzen; für das, wovon sie träumten; für das, was vielleicht noch rechtzeitig genug an Leben für andere zu retten ist. Und das alles in der Hoffnung, daß eines Tages andere auch unsere Träume rechtzeitig verstehen, aufgreifen und umsetzen: Träume eines Lebens, in dem Menschen miteinander gut sind und einander Gutes tun und sorgsam mit den Lebewesen und Lebensmitteln dieser Erde umgehen; Träume von einem Bündnis von immer mehr Menschen, die es als Lebenssinn begreifen, das Anvertraute so zu bewahren.

So, hoffen wir, soll es auch das getaufte Kind erleben können. Dazu ist es begabt und beauftragt und nun mit der Taufe in eine Gemeinschaft aufgenommen, der solche Lebensfülle zu erreichen und zu erhalten zugesagt ist; aufgenommen wie in einen gemeinsamen »Haushalt«, in dem eins für's andere sorgt. Der für diesen letzten Sonntag im Kirchenjahr von unserer Kirche vorgeschlagene Predigttext handelt auch von einem »Haushalt«, in dem vieles voneinander abhängt. Er wird als »Haushalt Gottes« vorgestellt, den Menschen versorgen sollen, damit sie's gut haben und rechtzeitig das Richtige füreinander und so auch für den ganzen Haushalt dieser Erde tun.

Menschen, die Gott den Haushalt führen? Ein überraschender Gedanke. Haushalter des Lebens, der Liebe, der Gerechtigkeit? Ein Haushalt, der dann »in Ordnung« bleibt, wenn rechtzeitig geschieht, was zu tun und zu leben ist. Andernfalls »ver-wahr-lost« dieser Haushalt, sind wir also die Wahrheit von Gott und Menschlichkeit, von Leben und Liebe und Gerechtigkeit los.

Jesus erzählt dazu ein Gleichnis. Es mutet stellenweise schon Ungewöhnliches zu. Ich lese aus Lukas 12 die Verse 42 bis 48.

(Jetzt erst folgt Predigttext-Lesung.)

Eine Zumutung – diese Parabel?

Zum weiteren Verlauf

Daß uns »viel anvertraut« ist (Vers 48), möchte ich als Beglückung und Bereicherung herausheben, gerade weil der Ton dieses Verses einen auch ärgerlich stimmen kann: »... von dem wird man um so mehr fordern«. Geschenke, die den Beschenkten viel kosten? Wenn solche Forderungen damit verbunden werden, möchte mancher – hört man gelegentlich – auf das Angebot lieber verzichten. Aber der Ton könnte ja anders gewichten: »Dir ist viel anvertraut«: »das zeigt, wie einzigartig und wichtig Du für mich und andere bist!« Das ließe sich wieder auf den Täufling und auf jeden Getauften beziehen. (Vgl. auch die Geschichte von der ängstlichen Maus mit der so sensiblen Seele: »Wider die Angst«, in: Peter Spangenberg, Der Stein der tanzenden Fische, GTB 205, S. 111f.)

»Viel anvertraut«: Dazu gehören nicht nur »Güter« (Vers 44), sondern auch Menschen, denen »zur rechten Zeit zu geben ist, was ihnen zusteht« (Vers 42). Daran können sich Fragen anschließen wie:

Was steht denen zu, die wir heute getauft haben? Und denen, die der Tod ihrer Angehörigen einsamer gemacht hat? Was war mir – wer war mir im zurückliegenden Jahr anvertraut? Wem war ich anvertraut? Wer war mir – wem ich wichtig? Was hatte ich – was hatten die Betreffenden davon? Hatte ich zur rechten Zeit das ihm oder ihr Zustehende gegeben? (Diesen Fragen könnten einige Momente der Stille zum Nachdenken folgen ... Dann:) Es kommt vieles beglückend, aber auch bedrängend nahe, wenn ich so an meine Partner in der Familie denke, an meine Schüler, an die Aufgaben, die ich übernommen habe; an die Menschen, die Wohnung suchen und Asyl; an meinen Umgang mit dem Auto, mit dem Wasser ... Diese Gedanken legen sich nahe, wenn ich an die Spezialität denke, die Lukas im Unterschied zu Matthäus 24,45 zur vorgefundenen Tradition beisteuert. Er erwähnt einen, der als Hausverwalter beauftragt ist, seinem Herrn treu und klug den Haushalt zu führen. Das öffnet Blick und Frage nach dem uns Anvertrauten: Wie gehen wir um mit unserem Zeithaushalt, Körperhaushalt (mit seinen Energien, Gedanken, Gefühlen, Grenzen), Finanzhaushalt (in Familie, Kirchengemeinde, Stadt und Staat) und schließlich mit den ökonomischen und ökologischen Bedingungen und Gefährdungen unserer EINEN Welt? – Das könnte mit aktuellen Informationen und Rückfragen konkretisiert werden.

Das alles bekommt am »letzten« Sonntag im Kirchenjahr eben noch ein besonderes Gewicht: Zu realisieren, wie unwiderbringlich Tage und Gelegenheiten sind; sich das Scheitern bewußt zu machen; das Abnehmen der Energien und der Hoffnungen sich klarzumachen; das Altern und Sterben zu sehen – bei anderen und einem selbst; all das heißt auch zu fragen: Was denn – und wie – weiter? Gibt's überhaupt Weiterführendes und Weiterungen?

Hat das uns Anvertraute noch eine Chance? Der untreue Haushalter »schlägt« die ihm Anbefohlenen und verweigert ihnen die »Lebensmittel«.

Das ist wohl unschwer zu übertragen auf die gestörten Beziehungen innerhalb unserer Weltgemeinschaft. Ebenso die – nicht nur durch Alkohol – erreichte Besinnungslosigkeit (Vers 45).
Die Erwähnung des »chronizei« (Vers 45) problematisiert ja nicht in erster Linie die Parusieverzögerung, sondern ist eine Anfrage an die »Stetsbereitschaft« (Wolfgang Stegemann). Ich sehe da Beziehungslinien von der Erwägung des unklugen Verwalters bei Lukas zu den Beschwichtigungen unserer Zeit angesichts des ökonomischen und ökologischen Desasters, in dem wir weltweit stecken: »Es wird schon nicht so schlimm kommen!« – »Die Natur gleicht doch immer wieder alles aus!« – »Die Hungernden in Afrika ..., die Arbeitslosen in Ostdeutschland: vom Schicksal eben leider schwer ›geschlagene‹ Menschen!« – Beschwichtigungen, die davon abhalten, unser Lebensmuster zu hinterfragen und zu ändern.
Also eine Beunruhigung nach der anderen. Und da mutet uns der Lukastext zudem eine starke Provokation zu: die der Bestrafung des unsorgfältigen Haushalters. Nun kann man das vielleicht als Stilmittel dieses Gleichnisses aus Urzeiten erklären. Und doch bleiben Härte und Anstößigkeit dieser Formulierungen hängen. Und mit ihnen verknüpft sich vielleicht mit einem Mal auch etwas von äußerst schmerzhaften Erfahrungen heute. Wachsen denn inzwischen nicht auch bei uns Anzeichen dafür, daß das Versäumnis einer richtigen, ökonomisch-solidarischen Politik und eines ökologisch sensiblen Umgangs mit den »Gütern« der Erde auch uns, die Verwalter und Nutznießer dieser Güter, hart treffen und unser bisheriges Verschontsein attackieren und, was bei uns einmal »ganz« war, zerbrechen kann? Daß wir – wir waren doch einmal »ganze Menschen!« – mit einem Mal innerlich oder äußerlich zerbrechen an dem, was wir falsch gemacht und versäumt haben?
Ein hilfreiches, vielleicht einzig noch weiterführendes Kontrastprogramm dazu sehe ich in der biblischen Tradition von Jesaja 58. Da geht's um die Möglichkeit des eigenen Ganz- und Gesundwerdens durch das »Ganzmachen« derer, die arm dran sind und nur noch wie halbiert leben.
Ich habe von einer Kirchengemeinde gehört, die sich einem interessanten Lernprozeß stellte. Im Wissen um die Zusammenhänge unseres Wohlstands und der Armut im Süden unserer Erde und herausgefordert zu solidarischem Leben, hat sich das Leitungsgremium dieser Gemeinde dazu durchgerungen, den Gemeindehaushalt in Anwesenheit von Vertretern der Dritten Welt zu beraten und die entsprechenden (finanziellen) Prioritätsüberlegungen gegebenenfalls zu relativieren und umzustellen. Eine starke Herausforderung: angesichts offener Augen, Ohren und Fragen der Armen richtig mit dem Anvertauten umzugehen!
Gibt's also für die »Haushalter Gottes« noch eine Chance, »rechtzeitig« das Richtige zu tun?

Möglicher Schluß

Gottes Haus bewohnbar halten, Gottes Haushalt führen: was für Zu-Mutungen, anderen geben zu können, was Leben erhält, und allein so selbst am Leben zu bleiben. Das ist – im Unterschied zu unserer Konkurrenz-Profit-Wirtschaft und Weltwirtschaft – Gottes Ökonomie, mit der er vielleicht auch unseren Haushalt führen und solvieren und salvieren kann! Zum Beispiel im Rahmen von »Brot für die Welt«, wie es ab nächsten 1. Advents-Sonntag neu von uns erbeten wird. Und das wird sicher nicht nur Geld bedeuten, sondern umfassend: Lebensmittel für alles, was sonst umkommt.

So hoffen wir mit der bevorstehenden Adventszeit: nicht, daß alles – wie gehabt – von vorne beginnt; sondern daß wir auf die »Ankunft« ungeteilter Liebe, ungeteilten Friedens, ungeteilten Lebens zugehen und diese mit unseren Mitteln vorbereiten; etwas, auf das viele unserer Toten schon zugelebt und dazu beigetragen haben, und wofür auch die Getauften aus der Fülle Gottes reich begabt sind. Ein Haushalt, in dem allein »die Liebenden stiften, was bleibt« (Jörg Zink). Und das infolge der bei Jesus einleuchtenden Liebe, die stärker war und stärker ist als alles Sterben und alle Gewalt; stärker als alles, was immer wieder dagegen spricht. Gerade darin zeigt sich die »Ökonomie Gottes«.

Kontexte

»Die Lage der hungernden Zivilbevölkerung in Somalia wird immer verzweifelter. Viele Menschen in dem vom Bürgerkrieg verwüsteten Land sind nach Angaben von Hilfsorganisationen infolge des Hungers so geschwächt, daß sie Stationen, an denen Lebensmittelhilfen verteilt werden, nur auf dem Boden kriechend erreichen. Diejenigen, zu denen keine Hilfslieferungen gelangten, ernährten sich von Gras und Tierkadavern, sagte ein Sprecher von ›Médecins sans frontières‹ (Ärzte ohne Grenzen) ... In einem Fall habe ein Vater das Fleisch seines zuvor verhungerten Sohnes gegessen ...«.
(Frankfurter Rundschau, 18.7.92)

»Das reiche Fünftel der Menschheit trägt wegen seines hohen Konsums mehr Schuld an der weltweiten ökologischen Zerstörung als die übrigen 80 Prozent. Zu diesem Ergebnis kommt das US-amerikanische ›Worldwatch-Institut‹ ... Die Menschen in den Industrienationen müßten zu einer ›Ethik der Genügsamkeit‹ finden, die Lebensstandard nicht mit Besitz und Konsum gleichsetze. Das Schicksal der Erde hänge letztendlich von der Bereitschaft der Reichen zur Änderung ihres Lebensstils ab.«
(Frankfurter Rundschau, 27.7.92)

»Olympische Zahlen-Spiele. Sicherheit: 47 052 Sicherheitsbeamte, 112 einsatzbereite Hubschrauber, 25 Kriegsschiffe vor der Küste ... Verkehr: 900 000 Autos pro Tag ... Finanzen: 15 Milliarden Mark Gesamtinvestition ...
(Badische Zeitung, 25.7.92)

»Der Freiburger Caritaswissenschaftler Heinrich Pompey hat die Deutschen aufgerufen, in den nächsten beiden Jahren ihre Einkommenserhöhungen an einen Sonderfonds ›Dritte Welt‹ abzutreten.«
(Aufbruch – Ev. Kirchenzeitung für Baden Nr. 27, 5.7.92, S. 4)

Wichtige Quelle: »Haushalterschaft im Lebensraum der Erde«, in: »Gemeinwohl und Eigennutz. Wirtschaftliches Handeln in Verantwortung für die Zukunft«. Eine Denkschrift der EKiD. Gütersloher Verlagshaus 1991, S. 85ff.

»Man muß so leben, als habe man nur noch eine Stunde Zeit und könne nur noch das Allerwichtigste erledigen. Und gleichzeitig so, als werde man das, was man tut, bis in alle Ewigkeit fortsetzen.«
(Leo Tolstoi)

»... noch ist Zeit / gegen die Angst zu singen / gegen die Armut zu träumen // noch ist Zeit / gegen den Ungeist zu reden / gegen Atome zu laufen // noch ist Zeit / gegen Gewalten zu handeln / gegen den Tod zu lieben // noch ist Zeit / für uns / zu leben / für diese Welt.
(aus dem »Liebeslied einer Frau in Bethanien« – ohne Verfasserangabe – in: »Schenk dir Zeit«. Texte-Bilder-Lieder für Schule, Familie und Gemeinde. Ev. Presseverband für Baden 1988, S. 162)

»... Und denn, denn stehste vor Gott dem Vater, stehste, der allens jeweckt hat, vor dem stehste denn, und der fragt dir ins Jesichte: Willem Voigt, wat haste jemacht mit dein Leben? Und da muß ick sagen – Fußmatte, muß ick sagen. Die hab ick geflochten im Jefängnis, und denn sind se alle druff rumjetrampelt, muß ick sagen. Und zum Schluß haste jeröchelt und jewürcht, um det bißken Luft, und denn wars aus. Det sagste vor Gott, Mensch. Aber der sagt zu dir: Jeh wech! sagt er! Ausweisung! sagt er! Dafür hab ick dir det Leben nich jeschenkt, sagt er! Det biste mir schuldig! Wo is et? Wat haste mit jemacht?! ... Und denn, Friedrich – und denn is et wieder nischt mit de Aufenthaltserlaubnis.«
(Wilhelm Voigt zu seinem Schwager Friedrich Hoprecht, in: Carl Zuckmayer, »Der Hauptmann von Köpenick«, 12. Szene. © C. Zuckmayer 1966. Abdruck mit Genehmigung der S. Fischer Verlag GmbH, Frankfurt a.M.)

»Vergegenwärtige dir das Angesicht des ärmsten und schwächsten Menschen, den du je in deinem Leben gesehen hast, und frage dich, ob der Schritt, den du vorhast, ihm in irgendeiner Weise von Nutzen ist.«
(auf dem Gandhi-Denkmal in Neu Dehli).

Gedenktag der Entschlafenen

Predigttext: Daniel 12,1b–3

Hermann Otto Geißler

Theologisch-homiletische Skizze

Was für eine Hoffnungskraft durchströmt diese 2 1/2 Verse, gefüllt mit Dynamik und Lebensbejahung, anschaulich in kühnen Bildern und so ganz und gar diesseitig! Dabei keine Spur von plattem Optimismus! Im Gegenteil – von Leiden, Verzweiflung und Ausweglosigkeit ist die Rede. Nichts wird beschönigt. Aber durch alle, die dunklen wie die hellen Folien hindurch ist der tragende Grund wahrnehmbar: die Treue Gottes zu seinem Volk, verdichtet im Bild von dem Buch, in dem die Namen geschrieben sind (»Gottes Adressbüchlein«).

Das Staunen über diesen Text veranlaßte mich, in den letzten Kapiteln von G. Ebelings »Dogmatik des christlichen Glaubens« zu blättern. Ich tat's mit Gewinn. Nicht daß ich einen Diskurs zu den Problemen der christlichen Eschatologie im Sinn hätte angesichts der Aufgabe, über diesen Text am Gedenktag der Entschlafenen zu predigen, aber wichtig war mir, zuvor zu klären, was ich denn selber glaube. Die Lektüre ermutigte mich, in den apokalyptischen Bildern (Auferweckung, Gericht, Belohnung der Guten usw.) nicht bloß zeitgebundene, für uns entleerte Hülsen zu sehen, sondern in ihnen Träger letzter Wahrheit zu erkennen, die mich befähigt, Trost und Hoffnung zuzusprechen.

Die seelsorgerliche Situation dieses Gottesdienstes verwehrt mir – leider! – nicht nur die Ausdeutung der Bildhaftigkeit des Textes im einzelnen, sondern auch die ausführliche Bezugnahme auf die Situation des Danielbuches als Hintergrund der apokalyptischen Hoffnung. In der gleichen Richtung liegt auch die Streichung der ersten Hälfte von Vers 1 durch die Perikopenabgrenzung. Allzu verschieden ist der Erlebnishorizont: dort die Erfahrung der Ungerechtigkeit, daß ausgerechnet die Treuen ihr Leben verloren, bei uns das persönliche Erleben der Grundwahrheit, daß wir Menschen sterben müssen, daß dieses Schicksal willkürlich und unabhängig von persönlichen Qualitäten an uns herantritt und uns die Verarbeitung dieses Geschicks und seine Einbeziehung in unser Leben abverlangt. Viele unserer Gottesdienstbesucher an diesem Tag sind davon sehr schmerzhaft betroffen, manche gar bis zum Zerbrechen ihres (Kinder-?)Glaubens. Aber aus all dem läßt sich kaum verständlich machen, daß das Aufwachen derer, die im Land des Staubes (Einheitsübersetzung) schlafen, die einzige Möglichkeit ist, wie sich Gott als der Treue und verläßlich Gerechte erweisen kann. Für den Rahmen allgemeiner Lebens- und Todeserfahrung ist Auferstehungshoffnung nur Verlängerung, Fortsetzung des Daseins.

Wichtig ist mir deshalb die Diesseitigkeit des Danieltextes. Auch die Auferstehung und das Gericht vollziehen sich auf dieser Erde. Das ganze Aufgebot des apokalyptischen Arsenals von Michael bis zu den verklärten Weisheitslehrern dient letztlich dazu, die rechte Entscheidung in der konkreten Situation zu bewirken: die Treue zu dem Gott, der sein Volk an sich gebunden hat und auf den unbedingt Verlaß ist.

Das Stichwort »Vergessen« bietet sich mir als Brücke zwischen Text und Predigtsituation an. Trauernde machen ambivalente Erfahrungen mit dem Vergessen. Daß man das Schlechte gern vergißt und das Gute in Erinnerung behält, ist jedem nachvollziehbar und in gewisser Weise auch tröstlich. In der jüdischen Tradition gilt das so nicht. Solange Israel den treuen Gott nicht vergißt, kann und soll auch das Schlechte erinnert werden. So nämlich wird das wirkliche Leben zum Boden, aus dem das Vertrauen zu dem treuen Gott erwächst, der nicht und niemand vergißt. Angesichts der Fremdheit des Textes lege ich Wert darauf, daß in der Liturgie viele bekannte Bibelworte vorkommen.

Vorschläge zur Liturgie

Lieder
EKG 349, 205, 318 (besonders Vers 5)

Introitus
Psalm 103,1.6.8.14–18

Hinführung zum Kyrie
Ewiger Gott, dies ist ein Tag, an dem wir zurückblicken auf Vergangenes, auf Zeiten zusammen mit Menschen, die von uns gegangen sind, auf Stunden des Abschiednehmens, auf Gutes und Schweres, Glück und Schmerz. Was uns bedrückt, macht uns doppelt empfindsam für alles Leid, das über Menschen kommt. Dir klagen wir es, daß der Tod so große Macht ausübt in deiner Schöpfung, daß er triumphiert über Liebe und Freundschaft, Fürsorge und Menschlichkeit, daß Menschen fähig sind, andere zu quälen und ihnen das Leben zu nehmen. Manchmal befällt uns die Angst, daß unsere Welt sich selbst überlassen ist, daß keiner unsere Geschicke lenkt und für Gerechtigkeit sorgt. Wie sollten wir dann das Leben aushalten – ohne Sinn, ohne Hoffnung, ohne dich?

Gnadenwort
Römer 8,38 (Spätestens hier, meine ich, muß der Name Jesus Christus genannt werden.)

Kollektengebet
Gott, du Trost unserer Väter und Mütter und unsere Hoffnung. Wir kommen zu dir, daß du deine heilende Hand legst auf die Wunden, die uns das Leben schlug. Laß uns deine Stimme vernehmen, die alle Angst bannen und allen Zweifel beseitigen kann. Sprich dein Wort zu uns, daß es unseren Glauben weckt und stärkt an Jesus Christus, der dem Tod die Macht genommen und das Leben und ein unvergängliches Wesen ans Licht gebracht hat durch das Evangelium.

Fürbittengebet
Treuer Gott, barmherziger Vater. Du hast unsere Namen in das Buch des Lebens geschrieben. Dafür danken wir dir und bitten, daß du uns hilfst, Vertrauen zu bewahren in allen Wendungen des Lebens.

So erbitten wir auch jetzt für alle, die um liebe Menschen trauern, daß sie nicht allein gelassen werden in ihrem Leid, sondern verständnisvolle Menschen finden und deine Nähe entdecken können.
Wir gedenken unserer Entschlafenen heute vor dir und nennen dir in der Stille den Namen, der uns heute am nächsten liegt. ... (Stille) Auch dieser Name steht im Buch des Lebens, so hoffen wir. Sprich du ihn aus, damit deine Herrlichkeit das gelebte Leben umhülle und durchdringe.
Wir gedenken besonders der Verstorbenen, deren Tod ihre Angehörigen in Verzweiflung stürzte. Nimm dich ihrer besonders an, der Toten und der Lebenden. Laß deinen Frieden für beide wirksam werden. Verhindere, daß unheilbare Wunden zurückbleiben oder gar, daß Haß daraus erwächst.
So bitten wir um Frieden für alle Völker unserer Welt, nicht den Frieden, der durch Gewalt und Unterdrückung aufrecht erhalten wird, sondern der aus Gerechtigkeit erwächst. Du bist ein Gott, der die Gerechtigkeit liebt, auf den alle ihre Hoffnung setzen können, die Unrecht dulden und Leid tragen müssen. Darum hat Jesus die selig genannt, die da Leid tragen. Du wirst sie trösten.
Danke für diese Hoffnung!
(Das Fürbittengebet kann auch auf verschiedene Sprecher verteilt werden.)

Vorschläge zur Predigt

Möglicher Anfang
(Ohne Textverlesung)
Bestimmt kennen Sie jemanden mit einem besonders guten Gedächtnis. Manchmal beneidet man solche Menschen, die alles noch genau wissen, sei es, daß es schon lange oder vielleicht erst kürzere Zeit zurückliegt. Ich kannte solch einen Mann und äußerte meine Bewunderung. Er lächelte und meinte: »Ja, ich bin auch dankbar dafür, aber meinen Sie nicht, das sei nur angenehm. Ich behalte die unangenehmen Dinge genauso im Gedächtnis.« Mich tröstete die Auskunft ein wenig. Denn ich gehöre auch zu den Menschen, die das Schlechte schneller vergessen als das Gute, aber eben manches Schöne auch.
Es gibt ein Volk, das auch mit einem so brillanten Gedächtnis begabt ist und das die Erinnerung pflegt wie kein anderes – nicht nur die Erinnerung an Siege, gewonnene Kriege, Erfolge, sondern auch und ganz besonders an die Niederlagen, Verfolgungen und Leiden. Es ist das jüdische Volk. Manchmal ist es uns lästig, daß dieses Volk nicht vergessen kann, sondern die Erinnerung wachhält an leidvolle Erfahrungen der Vergangenheit. »Erinnerung ist das Geheimnis der Erlösung.« So steht es am Ausgang der Gedenkstätte für den Holocaust Yad Washem in Jerusalem. Auch die belasteten Erinnerungen werden gepflegt und im Gedächtnis gehalten.

So ist es schon in der Bibel. Ja, da werden nicht nur die Leiden der Vergangenheit erinnert, sondern auch die Ängste und schlimmen Möglichkeiten der Zukunft werden ins Auge gefaßt und bewußt gemacht. Fähig dazu ist dieses Volk, weil alles umschlossen ist von der großen Hoffnung und dem tiefen Vertrauen: Gott vergißt sein Volk nicht – weder die Lebenden noch die Toten.
Von dieser Hoffnung spricht der heutige Predigttext aus Daniel 12.
(Textverlesung)

Zum weiteren Verlauf
Ein Hoffnungsgemälde wird entrollt: Rettung von Gott her, Buch des Lebens, Erwachen der Toten, die um des Glaubens willen das Leben verloren, ihre Belohnung, Verklärung der Lehrer. Bilder der Hoffnung!
Fast ist uns dieses Gemälde zu großartig, zu sehr ausgemalt im Detail. Wir sind mit weniger zufrieden, wenn es nur verläßlich ist. Himmlisches Eingreifen, Sieg, Auferweckung der Toten, Gericht, Belohnung, ewiger Anteil am Himmelsglanz – das muß es alles doch gar nicht sein. Vielleicht reicht uns schon das Bild vom Buch des Lebens. Wenn wir da nur drin stehen, bei Gott bekannt sind – das reicht schon. Für alles andere wird Gott dann schon sorgen.
Abschied von unseren Verstorbenen, ob durch ein Gebet an ihrem Totenbett, bei der Trauerfeier oder in Gestalt des Gangs zu ihrer Grabstätte, stets geht es um die Hoffnung, die Toten möchten nicht vergessen werden. Hoffnung, daß wir Menschen in Gottes Erinnerung geborgen sind. Unserem Gedächtnis ist ohnehin nur beschränkt zu trauen.
Gewiß – noch sind sie lebendig in unserer Erinnerung, und wir fühlen uns ihnen nah. Noch sind uns die Erlebnisse mit ihnen bewußt, die guten und die schweren. Bei manchen wären wir dankbar, wenn die Erinnerungsbilder ein wenig verblaßten. Aber umso schmerzlicher ist die Erfahrung, wie sie uns ferner rücken, die wir so gern noch bei uns behalten hätten. Das ist wie ein zweiter Abschied; wir erleben, daß die Lücke offen bleibt und sich die Erinnerung nicht festhalten läßt. Manchmal ertappen wir uns fast ein wenig schuldbewußt bei der Erfahrung, daß das Leben auch ohne sie weitergeht mit seinem Auf und Ab, mit seinen Anforderungen, Entbehrungen und Gewährungen, mit Freude und Traurigkeit. Wir müssen lernen, mit unserem Geschick zu leben, auch mit den Schmerzen, die es uns zugefügt hat. Das erlaubt uns nicht beim Gestern zu verweilen und das Vergangene lebendig zu halten. Das Tempo unserer Zeit treibt uns noch zusätzlich an, möglichst rasch mit dem fertig zu werden, was das reibungslose Funktionieren stört. Für Trauer und Wehmut, für Innehalten und Zurückblicken gibt es wenig Raum. So kommt es, daß die Menschen ihren Kummer und ihre Ängste immer mehr verschließen, so daß ihnen niemand anmerkt, was sie im Herzen bewegt. Nach außen tut man so, als habe man den Schmerz schon überwunden, als habe man schon vergessen. – Von der Verfolgung

in der Danielzeit und den Fragen, die die Menschen damals bedrückten, möchte ich dann ein wenig berichten: daß die Treuen mit dem Leben bezahlten, aber die anderen, die sich drückten, es behielten.
Es hat diese bitteren Erfahrungen immer wieder gegeben für Juden und auch für Christen. Immer wieder mußten Menschen die Frage stellen: Lohnt sich die Treue, der Einsatz? Wie soll man damit fertig werden, daß die Guten und Standhaften umkommen, während die Wankelmütigen und Kompromißler überleben? Gibt es keine göttliche Gerechtigkeit, die dem Unrecht in der Welt steuert? Es braucht nur einige Zeit, dann weht der Sand der Geschichte die Gräber zu und deckt den Schleier des Vergessens über allen Mut und über alles Leid.
In unserer Zeit sind es eher die Opfer der sinnlosen Gewalt, die wir im Fernsehen beobachten und die uns die Frage nach dem Gott, der Einhalt gebietet, wachrufen. Da liegen die Menschen ihres Lebens beraubt, ihre Angehörigen können es nicht fassen. Aber sonst kräht kein Hahn danach. Sie werden vergessen. Der Sand der Geschichte deckt auch ihre Gräber zu.
Liebe Gemeinde! Ich kann mich nicht damit abfinden. Ich will nicht so denken und handeln, so kalt, so gleichgültig. Ich will nach der Hoffnung greifen, die mir in diesem Stück aus dem Alten Testament angeboten wird. Da ist ein Gott, den das Unrecht, das Leid und die Trauer auf Erden nicht kalt lassen. Dem ist es nicht gleichgültig, wenn Recht und Gerechtigkeit mit Füßen getreten werden. Der trauert selbst, wenn Menschen ihres Lebens beraubt werden. Dem ist kein Mensch egal. Der hat sie alle in seinem Buch stehen, um im Bild zu reden, alle 7,5 Milliarden. Das hat sich verändert in unserem Glauben seit jener Zeit des Danielbuchs. Wir können uns Gott nicht beschränkt denken bloß auf eine Gruppe von Menschen, seien es die Juden oder die Christen. Seine Aufmerksamkeit und Zuwendung gilt allen Menschen. Für uns Christen gibt es keinen himmlischen Schutzherrn, der erst von dort kommen müßte. Wir sehen Gott in dem gekreuzigten Jesus vor den Toren von Jerusalem damals, und nun in jedem Menschen leidend, der gequält und getötet und dann vergessen wird. Diesen Gott vergessen heißt darum für uns: den Menschen untreu werden. Und umgekehrt: Diesen Gott ehren heißt zugleich: das Andenken an die Toten, die alle vom Vergessen bedroht sind, recht bewahren. Denn nicht das Festhalten an Erinnerungen bringt irgendjemandem Rettung, wohl aber, wenn Menschen Gott, den Vater Jesu Christi, ehren. Dann sind auch all die Menschen im Blick, die aus dem Leben gingen – ohne Unterschied, ob sie eines friedlichen Todes starben oder gewaltsam aus dem Leben gerissen wurden. Indem wir auf Gott hoffen, ehren wir die Toten am besten.
Ich will mich zu dieser Hoffnung bekennen und damit leben. Da hat auch die Erinnerung an die guten wie an die schweren Erlebnisse ihren Platz. Da muß das Schlimme nicht entmutigen und das Gute nicht beruhigen. Da kann beides den Eifer stärken, mit dieser Hoffnung zu leben, sich von ihr immer wieder aufrichten und stärken zu lassen. Denn nichts ist umsonst,

was anderen getan wird zur Linderung ihres Leidens, zur Ermutigung in ihrer Verzweiflung, zum Trost in ihrer Trauer. Nichts ist umsonst. Denn wir hoffen auf den Gott, der bei denen ist, die Hilfe brauchen und der für Gerechtigkeit einsteht. In seinem Buch sind wir alle verzeichnet, wir Lebenden und die Toten. Keiner ist vergessen.

Kontexte

Jewgenij Jewtuschenko: »Jeder hat seine eigene, geheime, persönliche Welt. / Es gibt in dieser Welt den besten Augenblick, / es gibt in dieser Welt die schrecklichste Stunde; / aber dies alles ist uns verborgen. // Und wenn ein Mensch stirbt, / dann stirbt mit ihm sein erster Schnee / und sein erster Kuß und sein erster Kampf ... / All das nimmt er mit sich. // Was wissen wir über die Freunde, die Brüder, / was wissen wir schon von unserer Liebsten? / Und über unseren eigenen Vater / wissen wir, die wir alles wissen, nichts. // Die Menschen gehen fort ... / Da gibt es keine Rückkehr. / Ihre geheimen Welten können nicht wiedererstehen. / Und jedesmal möchte ich von neuem / diese Unwiederbringlichkeit hinausschreien.«

Marie Luise Kaschnitz: Ein Leben nach dem Tode (aus: Ges. Werke, Bd. 5. © Insel Verlag Ffm. 1985)
»Glauben Sie fragte man mich / An ein Leben nach dem Tode / Und ich antwortete: ja / Aber dann wußte ich / keine Auskunft zu geben / Wie das aussehen sollte / Wie ich selber / Aussehen sollte / Dort // Ich wußte nur eines / Keine Hierarchie / Von Heiligen auf goldenen Stühlen / Sitzend / Kein Niedersturz / Verdammter Seelen / Nur // Nur Liebe frei gewordene / Niemals aufgezehrte / Mich überflutend / Kein Schutzmantel starr aus Gold / Mit Edelsteinen besetzt / Ein spinnwebenleichtes Gewand / Eine Hand / Mir um die Schultern / Liebkosung schöne Bewegung / Wie einst von tyrrhenischen Wellen / Wie von Worten die hin und her / Wortfetzen / Komm du komm // Schmerzweb mit Tränen besetzt / Berg- und Tal-Fahrt / Und deine Hand / wieder in meiner / So lagen wir lasest du vor / Schlief ein / Wache auf / Deine Stimme empfängt mich / Entläßt mich und immer / so fort // Mehr also fragen die Frager / Erwarten Sie nicht nach dem Tode? / Und ich antworte / Weniger nicht.«

Arthur Schopenhauer, Die Welt als Wille und Vorstellung II Kapitel 48, zur Begründung seiner These, daß der Protestantismus den innersten Kern des Christentums aufgegeben hat: »Dies hat sich in unseren Tagen herausgestellt in dem allmählichen Übergang desselben in den platten Rationalismus, diesen modernen Pelagianismus, der am Ende hinausläuft auf eine Lehre von einem liebenden Vater, der die Welt gemacht hat, damit es hübsch vergnügt darauf zugehe (was ihm dann freilich mißraten sein müßte), und der, wenn man nur in gewissen Stücken sich seinem Willen anbequemt, auch nachher für eine noch viel hübschere Welt sorgen wird (bei der nur zu beklagen ist, daß sie so eine fatale Entree hat). Das mag eine gute Religion für komfortable, verheiratete und aufgeklärte protestantische Pastoren sein: aber das ist kein Christentum.«

Theodor W. Adorno, Negative Dialektik, Frankfurt/M. 1966, S. 393:
»Was von Entmythologisierung nicht getroffen würde, ohne apologetisch sich zur Verfügung zu stellen, wäre kein Argument ... sondern die Erfahrung, daß der Gedanke, der sich nicht selbst behauptet, in Transzendenz mündet, bis zur Idee einer Verfassung der Welt, in der nicht nur bestehendes Leid abgeschafft, sondern noch das unwiderruflich vergangene widerrufen wäre.«

Gedenkgebet für die jüdischen Märtyrer in unserem Jahrhundert:
»Gott! Erbarmungsvoller in den Höhen thronender, / Lasse vollkommene Ruhe finden / Unter den Fittichen Deines Göttlichen Gegenwärtigseins, / Im erhabenen Reiche der Heiligen und Reinen, / Die im himmlischen Glanze leuchten: // Alle Seelen der sechs Millionen jüdischen Menschen // Die in der Schreckenszeit in Europa / erschlagen, umgebracht und verbrannt, / dahingeschlachtet und vergast wurden / und ihre Seelen / mit der Heiligung des göttlichen Namens aushauchten: / In Auschwitz, Bergen-Belsen, Maidanek, Treblinka / und in all den anderen Vernichtungslagern in Europa, / wie auch / die Seelen der im Kampf um Israel Gefallenen! / Wir und die ganze Gemeinschaft Israels sind vereint / im Gebet für den Aufstieg ihrer Seelen. / Der Barmherzige Gott beschütze sie / unter seinen Fittichen in Ewigkeit. Er binde ein im Gebinde des Lebens ihre Seele. / In den göttlichen Sphären / mögen sie Ruhe finden / und in Frieden ruhen auf ihrer Ruhestatt. / Auferstehen werden sie und ihre Bestimmung / am Ende der Tage empfangen. / Darauf laßt uns alle sprechen: Amen!«
(B.Z. Barslai, Aus den Tiefen rufe ich zu Dir, GTB 792, S. 36)

Mitarbeiterinnen und Mitarbeiter

Pfarrer Bernd Ahrens, Oberhennefeld; Pfarrer Dr. Günter Berndt, Berlin; Pfarrerin Birgit Brügge-Lauterjung, Duisburg; Pfarrer Ludwig Burgdörfer, Landau; Pfarrer Joachim Funk, München; Pfarrer Hermann Otto Geißler, Wiesbaden; Pfarrer Günter Gottschämmer, Darmstadt; Pfarrer Werner Gottwald, Bad Neustadt an der Saale; Propst Karl-Behrnd Hasselmann, Kiel; Pfarrer Egbert Haug-Zapp, Böchingen; Pfarrer Helmut Herberg, Ulm; Pfarrerin Oda-Gebbine Holze-Stäblein, Hannover; Pfarrer Dr. Heinrich Jürgenbehring, Bochum; Pfarrerin Susanne Kahl-Passoth, Berlin; Pfarrer Ludwig Keller, Kassel; Pfarrer Reinhard Kramm, CH-Chur; Pfarrer Wilfried Lenzen, Göttingen; Pfarrer Dr. Hans Reinhard Rapp, Hermannsburg; Pfarrer Traugott J. Simon, Marburg-Wehrda; Pfarrer Jobst von Stuckrad-Barre, Göttingen; Pfarrer Helmut Zeilinger, Freiburg; Dekan Klaus Zillessen, Waldshut-Tiengen.